그대,
당신의 기쁨과 슬픔을
그분이 아십니다

이 소중한 책을

특별히 ______________________ 님께

드립니다.

그대,

당신의 기쁨과 슬픔을 그분이 아십니다

이옥진 지음

나침반

들어가는 글

사람의 모든 것은 그 자체로 존귀하다

발삼전나무는 북미지역에 분포하는 침엽 교목이다.

펄프나 크리스마스트리로 주로 이용한다. 발삼전나무는 북쪽 지방에서 생존하는 법을 안다. 잎을 떨구지 않아서 1년 내내 광합성이 가능하다. 추운 곳에 있으면 그 추위에 적응하기 위해 나름의 방법들을 계산하고 적응해간다. 따뜻함이 항상 있는 것도 아니기에 추위를 이기는 법을 알아야 한다. 발삼은 소나무가 손상을 입었을 때 분비되며 통증을 진정시키고, 상처를 치유하는 기능이 있는 식물성 액체다. 발삼전나무는 배수가 잘 되는 산에서 자작나무, 단풍나무, 너도밤나무와 함께 자라며 빠르게 키가 큰다.

숲의 나무가 가지가지이고, 또 모여서 숲을 이루는 것처럼 사람도 그러하다. 모여서 부대끼고, 상처를 주고받으며 자란다. 그것 때문에 단단하고 크게 자라는 것이 아닌가. 발삼전나무는 똑똑하다. 광합성도 잘하고, 잎도 떨구지 않고, 송진을 개발해서 얼지도 않는다. 잘생긴 나무가 사람에게 유익한 발삼까지 제공한다 하니 그만하면 나무의 사명은 넉넉히 이루고도 남는다. 사람의 삶도 이랬으면 좋겠다.

도스토옙스키는 「카라마조프가의 형제들」의 머리말을 쓰면서 주인공 알렉세이 표도로비치 카라마조프에 대한 변명을 한다. 주인공이지만 그가 조금도 뛰어난 인물이 아니라는 것을 스스로 잘 알고 있기 때문이었다.

문제는 그가 주인공이기는 한데 어딘가 애매하기 그지없는 인물이라는 것이다. 무엇 때문에 별것 아닌 이야기로 시간을 낭비했느냐고 독자가 질책할지도 모르지만 자신은 독자에 대한 예의 때문이고, 또 '독자에게 어떤 선입견을 남길 수 있지 않을까?'라는 교활한 의도에서 비롯되었다고 했다. 그리고 그는 머리말의 말미에 '나는 이런 머리말이 정말 불필요하다는데 전적으로 동의하지만 이미 여기까지 쓴 것이니 그대로 두기로 한다. 자, 그럼 이제 본문으로 들어가기로 하자'라고 썼다.

이런 머리말을 읽으면서 웃음을 터트렸다.

그의 위트와 그의 작품에 대한 사랑이 느껴져서 그를 호의로 대하지 아니할 수 없었다. 무슨 글이든지 다 쓰고 나면 '이것 그대로 다른 사람에게 읽혀도 될까?'라는 의문이 든다. 더구나 소소한 일상이라니….

성경에는 인간 세상에서 일어나는 모든 일이 있다.

인간 삶에 있는 모든 경우의 수들이 있다. 나라와 사회, 개인과 가정의 일들, 먹는 문제까지 있다. 그리고 그 해답이 있다. 손상을 입었을 때 생성되는 발삼이 나에게도 있으면 좋겠다. 사람의 모든 것은 그 자체로 존귀하다. 진주는 상처로 만들어지고, 영롱한 그 빛으로 기쁨이 인다. 손상으로 발삼이, 상처로 진주가 만들어지면, 우리네 고단함도 기쁨으로 변해갈 수 있다.

어느 날 갑자기 찾아온 친구처럼 여기에 있는 글들이 그런 존재가 되었으면 좋겠다.

주위를 한 번 두리번거리게 하고 한 걸음 쉬어가게 하는….

– 이옥진 드림

본문의 인용 성구는 '개역 한글'과 '킹제임스 흠정역 마제스티 에디션'을 사용했습니다.

차례

제3장 시간 여행

제4장 당신의 사람들은 행복하도다

제5장 부활

제6장 에덴으로 가는 길

그대,
당신의 기쁨과 슬픔을
그분이 아십니다

제1장

동행

01

그대, 내가 압니다

가끔 심방을 가야만 하는 상황이 있다.

춥고 맑은 어느 날 아침에 조심스럽게 초인종을 눌렀다.

나는 심방을 하게 될 때면 어느 집에 가든지 긴장을 하게 된다. 그 집 문을 나설 때까지는 그 긴장의 끈을 놓지 못한다. '선과 후가 이렇다고 말하지 말고, 이것은 이렇고 저것은 저렇다고 말하지 말자, 그냥 듣기만 하자'라고 생각한다. 사람은 자기를 충분히 표현하지 못하고, 억울하게 오해받고 있다고 생각하면 한없이 비참해진다. 그것을 충분히 말하고 자신이 비로소 이해받고 있다고 느낄 때에야 비로소 정상적인 평온함을 유지하게 된다.

그냥 들었다. 그랬느냐고, 그랬었느냐고 했다.

길고 긴 이야기는 토하고 싶은 이야기들이었으리라. 이렇게 사람을 만나 이야기를 들으면 '하나님은 사람을 똑같이 만드셨구나'라고 생각하게 된다. 억울하면 못 살고, 기쁘면 어쩔 줄 몰라 하고, 슬프면 통곡하고, 절망하면 깊은 심연을 헤맨다. 이렇게 약한 것이 사람인가 싶다. 이렇게 조금만 들어주면 풀리고, 조금 비난하면 죽을 것처럼 되어가는 것이 사람인가 보다. 그것은 비단 남과 남 사이가 아니라 남편과 아내, 부모와 자식 사이에서도 그렇다.

긴 이야기를 듣고 난 다음, 일어서기 전에 내가 말했다.

"자매, 내가 문자 하나를 보여줄게요."

『하나님 다음으로 우리 집에 대해서 잘 아실 테니까 제가 편해요』라는 문자였다. 그 사람들은 정말 모범적인 크리스천 가정이었다.

그런데 하루아침에 모든 것이 곤두박질치고 말았다. "이것은 이렇고 저것은 저래서 이렇게 되었습니다"라고 말할 수가 없었다. 아무 말도 하지 못하고, 아무런 행동도 하지 못하고, 그냥 맨몸으로 맨 얼굴로 서 있어야 했다. 자존심과 자존감이 한꺼번에 무너졌다.

나는 그 깊은 슬픔이 그냥 느껴졌다.

그들을 위해 아무것도, 아무런 일도 할 수가 없었다. 아니, 할 일이 없었다. 내 새벽기도 제목에 그들이 그냥 적혀 있을 뿐이다.

많은 이야기를 한 자매에게 말했다.

그 자매는 견딜 수 없는 고통을 겪었다.

그것은 단순히 노력해서 없어지는 고통이 아니다.

그 고통의 굴레는 자매의 깊은 곳에서 떨어질 줄 몰랐다.

"자매, 나는 자매의 고통을 알아요. 나도 똑같은 고통을 겪었어요."

자매는 갑자기 얼굴을 일그러뜨리며 뜨거운 손으로 내 손을 부여잡았다. 뜨거운 눈물을 흘리는 자매에게 말했다.

"나에게 그런 고통이 있다는 것은 내 잘못이 아니에요. 왜 내 잘못이겠어요. 자매, 그 고통을 잊으려고 노력하지 말아요. 오랜 세월이 지나니까 깨닫게 되었어요. 고통은 잊으려고 노력하는 것이 아니에요. 그것은 내 속에서 어느 틈에 보석이 되어 있었어요. 그것은 내 안에서 재산이 되어 있다는 것을 깨달았어요. 그것이 크면 클수록 큰 재산이 됩니다. 남에게는 없는 재산이죠.

내가 자매를 알아요. 알고 있어요."

창세기 48장에서는 야곱이 요셉의 아들들을 축복하는 장면이 나온다. 장자인 므낫세와 차자인 에브라임을 야곱이 손을 엇갈리게 놓고 축복하려 하자 요셉이 만류한다.

그때 야곱이 거절하며 요셉에게 말한다.

"나도 안다 내 아들아 나도 안다
그도 한 족속이 되며 그도 크게 되려니와
그 아우가 그보다 큰 자가 되고
그 자손이 여러 민족을 이루리라"(창 48:19)

이것을 읽으며 드는 생각이 있다.

야곱은 장자와 차자가 누구라는 것을 안다고 말했지만 『나도 안다. 내 아들아, 나도 안다』라는 말을 읽을 때마다 나는 울컥한다.

그것은 요셉이 장자와 차자의 축복이 뒤바뀌는 것을 염려하는 마음뿐 아니라 야곱 자신과 요셉의 말할 수 없는 고통의 세월을 안다는 것으로 해석이 되었다. 그래서 나는 이 부분을 읽을 때마다 하나님이 나에게 "내가 안다. 내가 안다"라고 하시는 것 같다. 누군가가 나를 알아준다는 것은 한없는 위로가 된다. 그냥 알아주는데 왜 위로가 될까?

진주는 조개에 상처가 생겨 만들어지는 것이다.

상처 없는 진주란 있을 수가 없다. 조개가 상처를 두려워하면 진주는 만들 수가 없다. 기왕에 상처가 생겼으면 진주를 만들어야 하지 않을까? 더 동그랗고 더 영롱한 것으로….

요즘엔 새벽마다 옥수수와 보리 알갱이를 넣고 차를 끓인다.

그 뜨거운 차를 넣은 기다란 머그컵에 이런 글귀가 있다.

"우리가 이 보배를 질그릇 안에 가지고 있나니"(고후 4:7)

내 안에서 고통을 보배로 만드시는 분이 계신다.

그분에게 맡기면 고통이 보배가 된다. 그 집 현관문을 닫으며 물 한 모금 마시지 않은 것을 깨달았다. 대신 마음과 몸이 촉촉이 젖어 있는 것을 발견하였다.

02

네 아버지가 병들었다

창세기 48장에서 어떤 이가 요셉에게 말한다.

"보라, 네 아버지가 병들었다."

이 말을 듣고 요셉은 므낫세와 에브라임을 데리고 아버지에게로 간다. 창세기에 나오는 족장은 아브라함, 이삭, 야곱, 요셉이다.

유독 야곱만이 "병들었다"라는 말이 있다.

창세기에는 병에 관한 기사가 거의 나타나지 않는다. 이집트와 이집트를 나온 이스라엘 민족이 가나안으로 들어온 후에는 이런저런 병에 관한 기록들이 있다. 병이라는 것은 선천적인 요인도 있지만 대부분은 자신이 살아온 이력의 결과물이다.

왜 야곱만이 병든 사람으로 기록되었을까?

나는 이 부분을 읽을 때면 그럴만하다고도 생각한다. 아브라함은 극한 스트레스는 받지 않았을 것 같다. 아내를 누이라고 했을 때가 그런 때가 아니었을까 생각하지만 병이 들 정도는 아니었을 것이다.

탈무드에 보니 그 당시 여자의 지위는 아주 보잘것없어서 사거나 팔기도 했으며, 거의 노예와 같이 취급받았다.

여자에게 가장 높은 지위는 아내를 자신의 누이로 삼는 것이었다.

만일 아내를 누이로 삼아 입적하게 되면 그 남자는 다른 여성과 결혼할 수 없게 된다. 그리고 메소포타미아 법정에 아내가 누이로 신고되어 있다면, 이 아내는 다른 아내와는 달리 남편과 동등한 위치에 서게 되며, 또 남편의 재산을 상속할 수도 있었다는 사실이 돌에 새겨져 있다고 한다.

그렇다면 이삭은 어떠했을까?

모리아산에서 번제로 드려질 뻔한 사건은 찰나의 순간이라 괜찮았을 것 같다. 이삭만큼 평탄한 삶을 살아간 자가 없다. 자기 어머니가 죽은 이후에 리브가로 인해 위로를 얻었다는 말씀으로 보아 그의 어려움은 과히 큰 것이라 말할 수 없다. 부자 아버지와 제 몫을 톡톡히 하던 어머니의 외아들로 자라난 그는 귀공자처럼 자랐으리라고 생각된다. 그는 그랄로 가서는 씨를 뿌려 바로 그해에 삼십 배도 아니고, 육십 배도 아닌 백배를 받았다고 했다.

백배의 수익을 올렸을 때의 기분이 어떠했을까?

이십 년이나 자식이 없었던 것도 그의 건강을 해치지는 못했을 것이다. 내가 보기에는 그만큼 모든 사람이 인정할 수 있는 순탄한 삶을 산 사람은 없다.

요셉도 그러하다.

그는 이집트로 끌려가서는 하나님을 신뢰하는 믿음을 가진 청년이 되었고, 하나님의 섭리를 이해했기 때문에 극심한 인간적인 어려움은 없었을 것이다. 감옥에서 발이 족쇄로 상하게 되었지만 그것도 그를 고통에 머무르게 하지는 못했다. 감옥은 그를 총리로 세우기 위한 여정이었다. 부모를 일찍 떠나서 생활했다는 것이 그에게 고통이라면 고통이었겠다. 가나안 땅이 아닌 이집트라는 외국에서 살았던 것이 스트레스였으리라. 오래전에 미국으로 이민 가는 자매에게 "요셉도 이민 가서 살았다"라고 말했었다. 그것이 위로가 되기를 바라면서….

요셉이 "네 아버지가 병들었다"라는 말을 들었을 때, 그의 심장이 쿵 내려앉지 않았을까? 나는 그렇게 요셉의 심정이 느껴졌다.

야곱은 뱃속에서부터 형의 발을 잡고 나왔다.

전투적인 그의 삶이 시작되었다. 형의 장자권을 빼앗고는 죽음에 대한 두려움으로 머나먼 메소포타미아로 도망을 갔다. 아무도 없는 허허벌판에서 하나님을 만난다. 외삼촌에게서 품삯을 열 번이나 속임 당했다. 낮에는 갈증이, 밤에는 서리가 그를 쇠약하게 하고, 그의 눈에서는 잠이 떠났다. 네 아내를 거느리고 열두 아들을 얻었다. 그 많은 가족 관계는 그를 얼마나 버겁게 만들었을 것인가.

가나안으로 돌아오는 길에 말할 수 없는 두려움 속에서 형을 만나고, 또 혼자서 하나님의 사자와 씨름을 한다. 목숨 같았던 라헬을 에브랏에서 떠나보냈다. 자신의 딸 디나가 강간을 당하고, 시므온과 레위는 세겜의 모든 남자들을 죽인다. 자신의 장자였던 르우벤이 자신의 아내인 빌하와 함께 누웠다는 것을 야곱이 들었다.

"그 말을 들었다"라고만 나온다.

그 당시에 아무런 조치도 없었던 것은 야곱이 얼마나 비참했는지를 말해 주는 것은 아닌지…. 야곱은 마지막에 그 사건으로 인해 르우벤의 장자권을 빼앗아 요셉에게 축복을 넘긴다. 분신 같았던 요셉은 짐승에게 찢겨 죽었다고 생각했다.

그는 하나님과도 홀로 섰다.

영적으로도 극심한 상태에 서봤고, 그의 육체적인 노동도 이십 년이나 계속되었다. 그의 혼은 재물에 대한 계산으로, 르우벤과 시므온과 레위와 요셉에 대한 절망으로 한계를 넘었다.

어찌 병이 나지 않을 수 있을까? 그가 147세까지 살았으니 노환이라고도 말할 수 있다. 하지만 그가 병이 나지 않았다면 이상하다.

요셉이 들었던 **"네 아버지가 병들었다"**라는 말을 들으며 엘리바스가 욥에게 말한 구절이 생각난다.

"불티가 위로 날아가는 것 같이 사람은 고생하려고 태어나느니라."

그러나 야곱만큼 대단한 삶도 없다.

그렇게만 삶을 마감할 수 있다면 삶은 살아볼 만한 것이다.

장렬한 죽음도 있고 초라한 죽음도 있지만 살아 있는 동안은 불꽃처럼 타오르는 삶도 있다.

마치 야곱처럼….

03

내 마음대로

사람은 보고 싶은 것만 본다.

듣고 싶은 것만 듣는다.

그리고 본 것을 향해, 들은 것을 향해 고개를 돌린다.

그리고 자신만이 옳다고 우긴다.

이것은 누구에게나 있는 모습이다.

사람은 자기가 생각하는 대로, 원하는 대로 살고 싶어 한다.

성경에는 이스라엘의 우상 숭배가 강한 선을 그으며 계속 언급된다. 이런 관점에서 보면 왜 이스라엘 민족이 그렇게도 우상에 집착하였는지 이해가 될 것 같다.

창세기 3장에서 인간이 타락한 후로 사람들은 줄곧 방향을 모르고 달음질한다. 창세기에서는 우상 숭배보다는 도덕적인 타락이 많이 보이고, 그 후로는 우상 숭배의 여러 모습이 보인다.

왜 우상 숭배는 끈질기게 이스라엘과 함께 하였을까?

그것은 본성이 그것을 원하기 때문이다.

그것은 하나님을 외면하게 되면 필연적으로 따라오는 것이다.

사람은 누군가를 믿지 않으면 안되는 존재다.

사람을 미워하는 것은 엄청난 에너지가 드는 일이다.

그 에너지는 살아가는 힘을 주는 듯하다. 어떤 것의 오해가 드러나고, 자신의 실수가 드러났는데도 그것을 올바로 받아들이지 않고, 그 사실을 외면하며 그 미움을 계속 유지하는 것도 그 때문이다.

그 미움의 에너지를 잃고 나면 자신이 쓰러질 것 같아서 그런다. 나도 그런 오해와 미움을 받았던 적이 있다. 세상을 살면서 나는 절대 그런 일을 당하지 않을 것 같고, 그렇게 되지 않으리라고 생각했는데 산다는 것은 그리 녹록지 않다. 내가 아니라고 하는데도 그들은 오해를 푸는 것을 거부했다. 아마도 자신이 무너질까 봐 두려웠을 수도 있다. 이것도 일종의 자기가 믿고 싶은 것만 믿는 행위이다.

이스라엘은 사사 시대의 반복적인 범죄와 징계와 회개와 회복의 모습을 지나 왕정 시대의 질기고도 질긴 우상 숭배로 인해 결국 멸망으로 막을 내린다. 북쪽 이스라엘은 아시리아에 멸망하고, 남쪽 유다는 바빌론에 멸망한다. 에스겔서를 천천히 읽다가 8장 16절을 읽게 되었다.

"그들이 자기 등은 주의 성전을 향하게 하고

자기 얼굴은 동쪽을 향하게 한 채 동쪽을 바라보며

태양에게 경배하더라."

이 말씀은 이스라엘이 행하고 있는 우상 숭배의 모습을 하나님이 에스겔에게 보여주시는 장면이다.

이 장면이 내 어릴 적의 한 장면과 너무나 흡사하다.

내가 많이 어렸을 것 같은데 생생하게 기억이 난다. 우리 할머니는 당신의 가슴에 항상 돌이 있는 것 같다고 하셨다. 그래서 그 돌을 없애는 한 방편을 생각하셨는데 어느 날 엄마에게 이렇게 말씀하셨다.

"주먹만 한 돌 세 개를 가져다가 마당에서 불로 뜨겁게 달궈줘라."

마당에 짚단을 빙 둘러 세워놓고는 가운데에서 늙은 호박 속을 긁어내고, 거기에 약재를 넣고 푹 고아 내면서 돌을 달구었다. 할머니가 두 손을 모아 태양을 향해 깊게 깊게 절하던 모습이 생각난다.

병에서 놓여나고 싶은 간절한 마음이 그렇게 만들었겠지만 그 장면이 생각나면 마음이 아리다. 두 집만 건너면 교회였는데 우리 할머니는 왜 그러셨을까? 동쪽을 바라보며 태양에게 경배한 이스라엘 백성처럼 본성이 그렇게 시켰을까?

한 번만 더 깊게 생각했으면 교회에 가고, 절대자인 하나님을 만났을 수도 있지 않았을까?

아! 어쩌면 그것은 할머니에게는 너무 어려운 일이었을지도 모른다. 이브가 한 번만 더 생각했더라면 선악과는 따먹지 않았을 것이다. 죄가 없는 이브는 그럴 능력이 있었을텐데….

초등학생 손자는 요즘 퀴즈에 빠졌다.

한국사에, 세계사에, 삼국지에, 그리스 로마 신화에…. 성경에 관한 퀴즈로 나와 만나면 떠들썩하다. 그렇게도 많은 이름과 사건들이 나에게는 뒤범벅이 되어 간단한 퀴즈도 만만치 않다.

기선을 제압하느라 성경 이야기를 하는데 이 녀석이 선악과를 자꾸 사과라고 한다. 사과가 아니라고 하니까 왜 아니냐고 한다.

'선악과'를 나름 '사과'로 바꾸어 생각하는 것 같다.

어느새 선악과는 사과로 각인이 되었나 보다.

한 입 베어 물린 「애플」의 로고도 한몫을 한 것 같고, 잘못된 많은 애니메이션이나 그림들이 그렇게 만들었는지도 모른다.

사람의 머릿속에 각인된 것을 바꾸는 것은 쉽지 않다.

보고 싶은 것만 보고, 하고 싶은 것만 하고, 듣고 싶은 것만 듣는 것이 사람이다?

04

동행

"50년간 친구였습니다…."

백발이 된 남편은 말을 잇지 못했다.

백발의 커트 머리를 한 아내는 조용히 웃고 있었다. 아내가 얼마나 헌신적인 삶을 살았는지, 얼마나 화초를 아름답게 가꾸었는지, 얼마나 하나님을 사랑하고 이웃을 사랑하였는지를 남편은 말했다.

사람이 하나님의 부르심을 받으면 가족들은 떠난 사람에 대하여 자꾸자꾸 말하고 싶어 한다. 50년간 친구였다는 말 한마디에 아내를 잃은 남편의 마음이 전해졌다. 친구는 서서 한 방향으로 간다.

부부도 마찬가지다. 그들은 만난 순간부터 모든 것을 공유한다. 한 인간이 느끼는 희로애락을 함께 느낀다. 같은 공간, 같은 방향으로 가기 때문이다. 그래서 그들의 기억은 공통이다. 만나면 만날수록 할 말이 많아진다. 그러나 오랫동안 만나지 못하면 할 말이 없다. 날마다 만나는 친구에게는 얼마나 할 말이 많은가. 나이가 많으면 그런 친구의 존재가 아쉽다. 그 친구의 부재를 부부가 서로 메꾸어주는 것이 아닌가!

하나님은 남자가 혼자 있는 것이 좋지 않아서 여자를 지으셨다.

사람은 삶을 함께 나누어야만 한다는 것을 아셨기 때문이리라. 극한 슬픔이나 기쁨이나 외로움이나, 무거운 것은 혼자 가지고 있을 수가 없다. 내려놓고 나누어야 한다. 세월이 갈수록 그 가장 좋은 대상이 배우자가 아닐까?

아버지가 돌아가신 후, 엄마가 캄캄한 밤에 불도 켜지 않고 홀로 방에 앉아 계셨다는 것을 조카에게서 들은 적이 있다. 나는 엄마의 그 슬픔을 이해하지 못했다. 이제 겨우 그 마음을 알 것만 같다. 내가 아무리 잘한다 해도 위로가 되지 못한다는 것을 내 마음이 안다.

아브라함은 사라가 죽은 뒤에 애곡하였다.

그녀로 인해 울었다고 했다. 그 장면을 읽으며, 아브라함은 참으로 따뜻한 사람이라고 느꼈다. 아브라함도 사라를 친구로 생각하지 않았을까? 롯에게 관대하였던 그는 사라에게도 잘 대해주었을 것이다. 하갈 때문에 사라가 그를 날마다 괴롭힐 때도 허허 웃으며 받아주었을 것 같다. 그가 그녀를 얼마나 사랑하였는지 성경은 말한다. 사라의 죽음 앞에 애곡하고 울었던 그가 내 눈에는 왜 이렇게 멋있게 보일까? 남자의 눈물은 여자의 눈물보다 더 강렬하다. 그 눈물의 굵기만큼 사랑도 더 굵다.

발인 날 아침, 영구차를 향하여 갈 때, 관을 덮은 하얀 천이 조금 비뚤어졌다. 남편은 얼른 그 비뚤어진 천을 바로잡았다. 그의 눈은 관 위에 못 박혀 있다. 화장장에서 아내가 누워있는 관이 옮겨질 때,

또 하얀 천이 비뚤어져 있었다. 남편은 얼른 비뚤어진 천을 바로잡아 반듯하게 만들었다. 하관 예배를 할 때, 남편은 마지막 말을 했다.

"여보, 천국에서 잘 지내고 있지? 사랑했어. 잘 자요."

둘레에 모여있는 자식들에게 말했다.

"네 엄마가 입을 삐죽이는 것 같다."

시편에서는 성도의 죽음이 그분의 눈앞에서 귀중하다고 한다(시 116:15). 누군가가 죽었을 때 아쉬워하며 슬퍼한다면, 그는 이 세상에서 그 몫을 충분히 한 사람이라 말할 수 있다. 여호람 왕처럼 아끼는 자 없이 삶을 마감한다면 얼마나 슬픈 일인가. 한 사람의 인생에 경의를 표하는 것은 그의 죽음에 아쉬움과 슬픔을 담는 것이다.

배우자는 친구다. 배우자와의 동행이 끝나는 것은 어떤 의미인가? 죽음은 귀하다. 죽음은 중하다. 그분의 눈앞에서 더더욱 아름다운 죽음임에랴.

05

역병

역병은 페스트와 같이 확산 속도가 빠르고 치명적인 죽음을 가져오는 전염병을 총칭하는 말이다. 현대에 그것들은 사스, 메르스, 코로나라는 이름으로 우리 곁으로 왔다. 성경에서는 죄악을 저지르는 백성을 심판하는 도구로 하나님께서 역병을 보내셨다고 한다. 기원전 430년 여름, 스파르타 왕이 아티카 지방을 침공하자 그곳에 있던 사람들이 아테네로 밀려 들어왔다. 그리스의 지도자 페리클레스는 그들이 그리스인들이었기 때문에 그들이 들어오는 것을 허락하였다.

"그리스인은 무엇보다도 먼저 신전을 세우고, 로마인은 먼저 도로를 뚫고 상하수도를 정비한다"라는 말이 있다.

내가 느끼는 로마는 '이과'이고, 그리스는 '문과'다.

상하수도를 만들었던 로마 시대에는 역병 창궐에 대한 기록이 별로 없다고 한다. 그런데 「로마제국 쇠망사」를 읽다가 로마제국에 기근이 들어서 많은 사람들이 죽은 기록을 보았다. 기근이 들면 음식이 부족하고 불결하기 때문에 거의 언제나 전염병이 뒤따른다.

서기 250년에서 265년까지 로마 제국의 모든 속주와 도시에 맹렬한 전염병이 돌았다. 그 전염병의 원인은 나와 있지 않지만 이로 인해 로마시에서만도 매일 5,000명의 사람들이 죽었다.

알렉산드리아에는 곡물 배급을 받을 자격이 있는 모든 시민들이 기재된 정확한 명부가 있었는데 그것에 의하면 당시에 알렉산드리아 시민 절반이 사망했다고 한다. 이것으로 유추해 보면 다른 지방에서도 전쟁과 전염병, 그리고 기근으로 인해 불과 몇 년 사이에 인류의 절반이 사망했음을 짐작할 수 있다고 한다.

지금도 유럽에 가면 곳곳에 로마의 수도교가 보인다.

그리스의 황금기였던 페리클레스 시대에는 상하수도가 없었나 보다. 내가 아테네에 가서 가장 놀랐던 것은 조명이 들어와 신비하게 빛났던 아크로폴리스 파르테논 신전이다. 아이스크림 가게에서 바라보던 그 감동을 잊지 못한다. 의미를 담고 보아서 더 그랬을 것 같다. 그 파르테논 신전이 페리클레스 시대에 있었다. 지금의 아테네 시내는 고층 건물도 없이 은회색 집들이 얌전하게 퍼져서 누워있다. 저렇게 아름다운 건축물이 2500년이 지났는데도 건재하니 신통하다. 또 힘없이 도시의 명맥을 이어가는 게 신기하다.

열악한 환경으로 아테네는 역병이 들끓었고, 사람들은 죽어 나갔다. 그들이 믿었던 '의학의 신' 아스클레피오스도 힘을 쓰지 못했다. 이런 상황에서 아테네를 침공하던 스파르타의 아르키다모스는 역병으로 자기 쪽 병사들이 희생될 것을 두려워하여 군대 철수 명령을 내렸다. 아르키다모스는 현명한 결정을 내렸다. 중세 시대의 페스트처럼 많은 사람이 죽는다면 짚을 지고 불로 들어가는 꼴이 된다.

시대마다 크나큰 역병이 세상을 휩쓸고 많은 사람들이 죽었다.

그래도 사람들은 그들의 후손들을 이 세상에 남겨놓았다. 항생제가 없던 시절에 발생한 역병은 곧 죽음을 의미했다. 그런데 지금은 항생제가 있음에도 쉽사리 역병을 다스리지 못하고 있다. 과학이 발달하는 만큼 미생물들도 진화하는 모양이다.

다윗은 인구 조사를 한 죄로 하나님으로부터 징계를 받았다.

칠 년 동안의 기근과 석 달 동안 도망하는 것과, 사흘 동안 이스라엘에 역병이 도는 벌 중에서 그는 사흘 동안의 역병을 택했다. 그는 하나님은 인자하시니 너끈히 이 문제가 지나갈 것으로 믿었다. 그로 인해 칠만 명의 백성이 죽자 견딜 수 없었던 그는 하나님 앞에 엎드린다. 백성은 죄가 없으니 주의 손으로 나와 내 아버지 집을 치라고 한다. 다윗은 아라우나 타작마당에서 제사를 드리고, 그곳은 나중에 모리아산에 세워진 솔로몬 성전터가 되었다. 다윗의 실수가 성전터를 결정짓는 일이 되었다. 모든 것이 합력하여 선을 이루신다는 말씀이 이렇게 절묘하게 이루어진 일도 없다.

이런 지도자를 얻는다면 그 백성은 복이 있는 백성이다.

진정한 지도자는 국가가 위기에 처했을 때 백성을 위한 해결책을 내놓아야 한다. 내가 통치자라면 별다른 대책을 내놓을 수 있을까?

코로나는 온 세상에 창궐해 있다.

세상은 이 역병에 사로잡혀서 아우성이다. 백신의 유용론과 무용

론이 엇갈리고, 면역에 대한 의견도 분분하다. 요즘 같은 세상에서 감기와 같은 이런 전염병을 해결할 수 없으니 말세에 기근과 역병과 지진을 말씀하셨던 예수님의 말씀이 새삼스럽다.

이것은 사회와 국가에 대한 크나큰 불신과 공포와 재앙의 전조증상이 아닌가 싶다. 사람들이 우주로 나아가는 세상에 바이러스 하나가 사람들을 지배한다. 앞으로도 이런 일은 반복될 것이다.

모두가 지혜를 모으고, 정치적 결정이 아닌 사람을 생각하는 마음이 더 우위에 있어서 이 난제를 해결했으면 좋겠다.

06

야곱의 아들 요셉

요셉은 구약과 신약에 대표적으로 한 사람씩 등장한다.

하나는 이삭의 아들이었던 야곱의 아들 요셉이고, 하나는 맛단이 낳은 야곱의 아들, 마리아의 남편 요셉이다.

구약의 요셉은 많은 사람이 닮고 싶어 하는 요셉이다.

그의 고생했던 과정은 말고 이집트에서 화려하게 부활한 요셉 말이다. 성년이 된 요셉은 그의 지혜뿐만 아니라 인격까지도 나무랄 데가 없다. 보디발의 집에서는 물론 감옥에서도 열심히 살아갔던 그의 태도와 하나님의 섭리를 이해하는 탁월함이 가히 독보적이다. 나중에 그의 형제들을 용서하는 마음과 그의 뼈를 이스라엘 민족이 이집트를 나갈 때 가지고 갈 것을 부탁한 것을 보면 그의 믿음의 깊이가 어떠한지를 알 수 있다.

마리아의 남편 요셉은 어느 날 큰 혼란에 빠졌다.

그는 자기가 정혼한 마리아가 임신한 사실을 발견하였다. 그 당시의 정혼은 결혼과 같은 효력을 지닌다. 간음한 여자에 대한 형벌은 공개적으로 돌에 맞아 죽는 것이다. 요셉은 마리아를 공개적인 본보기로 삼기를 원치 않았다.

성경은 그를 의로운 사람이라고 말한다.

요셉의 성품을 짐작할 수 있는 대목이다. 다만 그녀를 은밀히 버리려고 마음먹는다. 마태복음 1장 20절에 **"그가 이 일들을 생각할 때에"**라고 나온다. 이 짧은 구절에 요셉의 마음이 얼마나 요동치고 있을까를 짐작할 뿐이다.

그는 천사가 일러준 대로 마리아가 아이를 낳을 때까지 그녀를 알지 아니했다. 만삭이 되어가는 마리아를 데리고 나사렛에서 베들레헴까지 가고, 예수님이 목자들의 경배와 동방에서 온 지혜자들의 경배를 받게 한다. 천사의 지시를 받아 이집트로 피신을 가서 예수님의 목숨을 지키고, 헤롯이 죽은 후에 나사렛으로 간다.

모세의 관례를 따라 성전에 가서 아이를 주께 드릴 때에 그리스도를 기다리던 시므온과 안나를 만난다. 요셉은 마리아와 함께 이 아이가 이방인들을 밝히는 빛이요, 주님의 백성 이스라엘의 영광이라는 시므온의 말에 놀란다. 요셉은 해마다 유월절이 되면 예루살렘에 갔다. 예수님이 열두 살이 되셨을 때 예루살렘 성전에 갔던 일이 누가복음 2장에 나온다.

예루살렘에서 나사렛으로 돌아갈 때는 하룻길이나 가서 예수님을 찾았다. 당연히 친족들 가운데 있을 줄 안 것으로 보아 요셉과 예수님이 어떤 관계였는지 짐작이 간다. 요셉은 아들을 믿음직스러워했던 것 같다. 이미 그때는 예수님의 동생들이 있어서 예수님은 세세한 도움을 받지 못했을 것이다. 예수님의 동생은 야고보, 요세, 시몬, 유다가 있고 거기에 누이들이 있었다. 맏아들인 예수님은 요셉 밑에서 그 당시의 모든 가정생활을 익히고 사셨을 것이다. 요셉은 직업이 목수이고, 당연히 예수님도 목수 일을 하셨으리라. 요셉의 행적은 예수님의 열두 살 때로 끝이 난다.

요셉은 일찍 이 세상을 떠난 것 같다.

요한복음 11장 35절은 성경에서 가장 짧은 절이다.

'Jesus wept'로 된 이 구절은 개역 성경에는 **"예수께서 눈물을 흘리시더라"**라고 되어 있고, 킹 제임스 성경에는 **"예수님께서 우시더라"**라고 되어 있다. **"눈물을 흘리시더라"** 보다는 **"우시더라"**라는 표현이 더 강렬하게 느껴진다. 나사로의 죽음 앞에서 그 누이들의 아픔을 헤아리시는 예수님은 그것이 무엇인지를 아셨을 것이다. 예수님은 분명 그의 아버지인 요셉의 죽음을 경험하셨을 것이고 가족을 잃은 아픔이 무엇인지 아셨을 것 같다.

히브리서 4장 15, 16절에 이런 말씀이 있다.

"우리에게 있는 대제사장은 우리 연약함을 체휼하지 아니하는 자가 아니요

모든 일에 우리와 한결 같이 시험을 받은 자로되 죄는 없으시니라

그러므로 우리가 긍휼하심을 받고 때를 따라 돕는 은혜를 얻기 위하여

은혜의 보좌 앞에 담대히 나아갈 것이니라."

절망 중에 있을 때에 "예수님도 이것은, 이런 마음은 모르실거야"

라고 생각할 때가 있다. 그러나 이제 생각하니 나사렛에서 많은 형제들과 모든 것을 경험하며, 아버지 요셉의 죽음까지도 경험하신 그분은 모든 것을 아신다. 감히 하나님의 아들인 그분에게 어떤 추측도 함부로 할 것은 아니다. 그는 우리와 똑같이 시험을 받으셨다.

마리아의 남편으로 등장한 요셉은 결코 사람들이 흠모하지 않지만 조용하게 와서 범접할 수 없는 위치에서 그의 몫을 다하였다.

내 남편의 다른 이름도 요셉이다.

성공회에서 받은 영세명이다.

하지만 요셉이라는 이름이 좋아서 그냥 쓰고 있다.

성공회에 다닐 때 신부의 복사까지 했던 그는 크리스마스에 전도사님과 함께 몰래 포도주를 맛보면서 그 맛을 감별했던 전력을 가끔 이야기한다. 그 이야기를 할 때면 우리는 낄낄거렸다. 그가 가진 요셉이라는 이름은 분명 구약에 나오는 야곱의 아들 요셉일 것이다.

07

휴가

"프라이드가 대단하시네요."

궁지로 똘똘 뭉쳐있는 주인 여자에게 내가 말했다.

넓은 카페에 남편과 나, 딱 둘뿐이다.

아메리카노를 가져다주고는 여주인이 말했다.

『원두 세 가지를 블렌딩해서 만들었어요.』

케이크를 고르는 나에게 그녀가 말했다.

『우리 집 당근 케이크는 정말 맛있습니다.

티라미수는 이 세상에서 제일 맛있습니다.』

그녀의 아들이 그릇을 꺼내다가 난처한 표정을 짓는다.

자기네는 펜션도 한다며 얼마나 고급스러운지를 이야기한다.

나는 구경 좀 하자고 넉살 좋게 말하고는 그 집을 구경했다.

카페 위층에 있는 그 집은 정말 고급스럽다.

벤자민무어 제품이라는데 벽지 색상이 매혹적이다. 타일과 수건, 침대 시트도 일류 호텔 못지않다. 냉장고도 외제다. 그릇은 모두 파스텔톤의 북유럽풍 르쿠르제다.

그 집 거실에서는 바다가 코앞에 누워있다.

바다는 예쁜 배를 내놓고 느긋하게 출렁인다. 여주인은 자기가 만드는 조식이 얼마나 특별한지 조식 때문에도 사람들이 온다고 한다. '내 언제 그럴듯한 핑계를 댈 수 있을 때 한번 와야겠다'고 마음먹었다. 그 집에서 오랜 시간 책을 읽고 나오는데 여주인이 얼른 따라 나온다.

『저도 이렇게 여행하는 것이 로망이에요. 나는 이곳에 잡혀서 꼼짝을 못하고 있어요. 부러워요. 안녕히 가세요.』

내가 부럽다는 그녀에게 미안함과 고마움으로 고개를 숙였다.

그녀는 나보다도 더 나이가 많아 보였다.

그녀는 우리가 유유자적하게 보였나 보다.

어찌 보이든 우리는 일상을 떠나 어슬렁거리고 다녔다. 역병으로 어수선한데 작은딸은 우리를 서울에 묶어두려고 온갖 말을 다 했다.

집 떠나는 걸 망설이는 내게 남편이 말했다.

"여보, 그렇게 망설이면 이 세상에서 아무것도 못해요. 갑시다."

귀가 얇은 나는 남편 말이 옳다고 생각하며 따라나섰다.

질병 본부에서는 제발 집에 있어 달라고 했는데 미안해하며 제주행 비행기를 탔다.

태풍이 불었다.

마당에 있는 소철나무 앞에서 두 팔을 벌려 온몸으로 바람을 맞았다. 얼마 만에 맞는 바람인가! 휘청거릴 정도로 센 바람이 온몸에 스며들었다. 한강의 물구나무서는 기구에 거꾸로 누워서 눈을 감고 항상 외치듯이 외쳤다.

"아, 하나님 감사합니다."

비가 쏟아졌다.

눈이 오듯 희부옇게…. 비가 유리문을 타고 끝없이 내리달았다. 여린 배추 이파리에, 짙은 녹색 콩나물 콩밭에…. 거실에 앉아 온몸으로, 마음으로 비를 맞았다. 이런 통쾌함이 얼마 만인가!

휴가는 좋다.

칠 일 만의 안식일처럼, 칠 년 만의 안식년처럼. 사무엘하 11장에도 휴가가 있다. 왕은 출정할 때가 되면 전장에 나가야 한다. 휴가가 끝났는데도 왕은 여전히 예루살렘에 머물렀다. 휴가는 누구에게나 손을 내민다. 그것은 삶에서 쟁취하여야 할 것이다.

너무 길어서 그의 인생에 큰 상처를 남긴 다윗의 휴가가 아니라면 말이다.

쌀밥에 김치 하나를 놓고 먹고는 잘 먹었다 하는 것처럼, 바닷물 한 번 발에 묻히지 못했는데 "휴가가 좋았다"라고 어느 틈에 말해버렸다.

08

사라처럼

괴테는 이탈리아를 여행하고 「이탈리아 기행」을 남겼다.

그는 이탈리아를 여행하면서 곳곳에서 연극을 보고, 그림을 보고, 음악을 감상했다. 열정적으로 연극을 보며 작품과 배우의 연기와 노래를 평하였다. 가는 곳마다 사람에 대한 묘사를 하고, 자연과 과학적인 견해까지 자세히 말한다. 광물과 식물에 대한 견해도 해박하다.

레오나르도 다빈치처럼 그도 팔방미인이다.

아마도 그가 지금 시대에 살았더라면 영화란 영화는 모두 보았을 것 같다. 그는 약 2년 동안 이탈리아를 여행했는데 요즘에도 이런 여행을 할 수 있을까? 그는 베네치아에 갔을 때, 아무에게도 길을 묻지 않고 스스로의 방향 감각에만 의지하여 미로 속을 들락날락해 보았다. 그곳에서 주민들의 거동, 생활양식, 풍습, 성정 등을 주의 깊게 살펴보고는 이렇게 말했다.

"아아, 인간이란 어쩌면 그렇게도 불쌍하고 선량한 동물일까?"

이런 말을 할 수 있는 것은 어떤 사람에게서 나와 같은 인간적인 모습을 발견할 때 드는 생각이 아닐까?

나를 보기만 하면 입을 크게 벌리고 발을 동동거리는 손녀가 보고 싫어서 수원에 갔다. 잠실 롯데몰 지하에는 환승 버스 정류장이 있다. 버스 번호를 보고 네 사람이 서 있는 버스 줄 뒤에 섰다.

버스가 왔는데 사람들이 움직이지 않고 그대로 서 있었다.

머리를 기웃거리며 기다리는 사이에 스크린 도어가 닫혔다. 당황하여 문에 다가가자 문이 열려서 겨우 탔다.

그 버스를 놓치면 다시 두 시간이나 기다려야 했다.

왜 사람들이 움직이지 않았는지 이상했다. 일주일 후에 다시 버스를 타야 했다. 이번에는 내 앞에 어떤 남자가 혼자 서 있었다. 지난번처럼 될까 봐 스크린 도어 앞에 가서 사람들이 내리는 것을 쳐다보았다. 그런데 뒤에서 그 남자가 내 가방을 붙잡고 말했다.

『줄을 서셔야죠.』

“지난번에 사람들이 움직이지 않아서 차를 놓칠 뻔했거든요.

그래서 확인하는 중인데….”

『사람들이 아직 안 내렸잖아요.』

설령 차를 타게 되더라도 나는 두 번째로 탈 심산이었는데 지적을 받고 보니 기분이 좀 그랬다.

분명히 그 줄이었는데 왜 그런 일이 일어났을까?

아마 내가 무얼 착각했나 보다. 나처럼 어리바리하고 왠지 세상일에 한 박자가 느린 사람들은 세상 살기가 영 불편하다. 내가 딱히 나이를 먹어서라기보다는 좀 ‘얼뜬 사람’이라는 표현이 나에게 맞는 것 같다.

쇼핑백을 한 손에 무겁게 들고 딸을 찾아가는 내 모습이 마치 옛날 할머니들 같다고 생각되었다. 사실 옛날로 따지면 쪽찐머리를 하고 보따리를 머리에 이었을 것이다. 그런 생각을 하니 저절로 머리를 가로젓게 된다.

수학을 못하는 나는 내려야 하는 버스 정류장을 계산하는 것에도 스트레스를 받는다. 앞으로는 그냥 자가용을 타고 다니는 '사모님'이 되어야겠다.

성경의 여자들은 나이 들어서 어떻게 지냈을까?

라헬은 야곱의 사랑을 많이 받았다. 호세아서 12장에는 야곱이 아내를 얻기 위해서 섬기고, 한 아내를 얻기 위해 양들을 지켰다고 하였다. 라헬을 위해 일한 세월이 이십 년이나 되었다.

라헬은 야곱의 폭풍 같은 사랑을 받았다. 하지만 라헬은 베냐민을 낳다가 젊은 나이에 죽었다. 야곱의 첫째 아내 레아는 남편의 사랑을 받지 못해서 항상 사랑을 갈망하는 여자로 보인다. 많은 아들을 낳고 세상적으로는 당당했으나 불행한 여자다. 막벨라 굴에 묻혀서 가문의 어른이 되었지만 결코 닮고 싶지는 않다.

리브가는 이삭을 만나기 위해 매몰차게 친정을 떠나왔지만 이십 년이나 아이가 없어서 마음고생을 했다. 태중에 있던 아이들은 뱃속에서부터 싸우기 시작하더니 오랜 기간을 서로 싸웠다. 리브가는 사랑하던 아들 야곱을 형을 피해 멀리 보내고 그리워하다가 이 세상을 떠났다.

야곱을 라반에게로 보낸 것을 평생 후회하면서 살지는 않았을까?

메소포타미아로 가는 길을 바라보며 탕자의 아버지처럼 날마다 아들을 기다렸을 것 같다. 성경에는 야곱이 외삼촌에게서 돌아와 어머니를 만났다는 기록이 없고, 아버지 이삭을 에서와 함께 장사지냈다는 말만 있다. 리브가는 큰아들과 며느리들로 인해 괴로워했다. 그녀의 삶은 자식들로 인해 고통스러웠다.

사라의 노년은 그중에서 제일 나은 것으로 보인다.

그녀는 늙기까지 아들이 없어서 고생도 했지만 아브라함의 특별한 사랑을 받았다. 가정생활만큼은 사라가 주도적이라고 할 수 있다. 사라는 아브라함에게 자기의 의견을 말했고, 아브라함은 사라를 이해하고 배려하는 통 큰 남자로 보인다.

룻을 사랑했던 보아스가 아브라함과 닮았다.

사라가 127세로 죽었을 때 아브라함은 통곡하였다. 그리고 그녀를 위하여 막벨라 굴을 사서 장사지냈다. 그녀가 죽었을 때의 이런 장면들이 아브라함이 사라를 사랑하는 것이 느껴지는 장면들이다. 그래서 사라가 어느 누구보다도 노년을 행복하게 보냈고, 사랑받았던 여인이 아닐까 생각한다.

성경의 모든 사람들은 우리와 성정이 같은 사람들이다. 나도 괴테처럼 그들이 사랑스러워 보이고, 불쌍하게도 보인다. 내 노년을 사라처럼 살 수 있다면 좋겠다. 그렇다고 굳이 내가 127세까지 살겠다는 것은 아니다.

09

이야기를 듣는 것 같이

남편은 사진 찍는 것이 취미다.

자신은 물론 남의 얼굴도 찍고, 스치는 모든 것에 카메라 셔터를 누른다. 그는 지금도 자신의 얼굴이 찍히는 것을 두려워하지 않는다.

나는 두렵다. 내 얼굴에서 세월의 흔적을 확인하는 것은 사실 유쾌한 일이 아니다. 8년 전에, 남편은 몽골에서 찍었던 사진을 인화해서 거실 책장에 놓았다. 애매하게 나에게 항의를 듣기도 했던 그 사진은 지금 보면 너무나 싱싱하다. 남편은 언제나 '오늘이 가장 젊은 날'이라며 찍히는 걸 두려워하지 말라고 한다.

8년 전에 터키, 그리스를 여행했다.

사진과 글을 다시 정리하다가 동행했던 자매들에게 글과 사진을 카톡으로 보냈다. 한결같이 이렇게 젊은 날이 있었냐고 한다. 한 자매가 카톡을 보내왔다.

『사모님, 울고 싶어요.』

딱 한 줄이다. 그 한 줄에 많은 의미가 담겨 있다. 시편 90편 9절에는 **"곧 사라지는 이야기를 듣는 것 같이 우리가 우리의 햇수를 보내나이다"**라는 말씀이 있다. 이야기를 듣다 보면 어느새 시간이 지나간다. 사람들은 이야기 듣기를 좋아하고, 하기를 좋아한다. 어릴 때는 주변 사람들에게 이야기를 해달라고 졸랐다.

왜 그것이 그렇게도 재미있었을까? 이야기를 듣는 동안에는 누가 시간이 아깝다고 하는가? 그 이야기가 끝나면 어느새 많은 시간이 흘러있다. 지나간 시간이 못내 아쉽다.

병을 앓고 있는 사람의 얼굴은 병을 감출 수가 없다.

나이 든 사람의 얼굴도 감출 수가 없다. 요즘에 사람들의 얼굴을 유심히 살피게 된다. 시간과 삶의 무게가 실려 있는 그 얼굴들을 보며 평안함을 주시도록 기도한다.

시편 92편 14절에 **"그들은 늙어서도 여전히 열매를 맺으며 기름지고 흥왕하리니"**라는 말씀이 있다.

어느 날부터인지 내 기도 제목에는 늙지 않게 해달라는 기도가 들어 있다. 순리를 거스르는 기도가 틀림없다. 하지만 못할 것도 없다. 무엇이든 원하는 대로 구하라고 하지 않으셨는가?

사람의 마음은 똑같다. 늙으면 '지식의 평준화'와 '외모의 평준화'가 이루어진다. 가장 젊은 오늘을 즐기는 것이 가장 현명한 일이라 한다. 늙어서도 여전히 열매를 맺으며, 기름지고 흥왕한다면 누가 세월을 무서워하랴.

새벽기도, 기도 제목 리스트에 초등학생이 내놓은 기도 제목을 보면서 항상 감동한다. 믿음, 지혜, 은혜, 용기가 생기도록 해달란다.

어떻게 이런 기도 제목을 내놓을 수 있는지 감탄한다. 그 기도 제목에 내 마음을 싣는다. 그리고 내 기도도 더한다. 지혜가 필요하다 한다. 사랑이 필요하다 한다. 건강이 필요하다 한다. 내 노후를 위한 돈이 필요하다 한다. 솔로몬은 한 가지만 구해서 모든 것을 얻었는데 나는 그 이상이니 솔로몬보다 많이 얻기는 틀렸다. 나이가 들면 사람들은 연약해지고 수동적으로 변한다. 주의 집에 심긴 자들은 종려나무같이 흥왕하며, 레바논의 백향목같이 자란다고 하셨다.

오늘 아침 산길을 걷는데 밤송이가 눈앞에서 툭 떨어졌다.

반질반질한 밤톨이 또르르 굴렀다. 그 밤톨 두 개를 주워들었다. 감나무 밑에서 입 벌리다가 감이 입으로 떨어진 것처럼 마냥 흐뭇하다. 익을 대로 익어서 저절로 떨어진 밤처럼 사람도 세월을 지나가며 익는다. 밤이 익어가는 것을 어찌 멈출 수 있으랴. 늙음도 이런 완숙을 향해 가는 것이다. 이런 완숙함을 가질 수 있다면 무엇이 두려우랴!

로마 여행을 정리한 글과 사진을 카톡으로 보내자 답장이 쏟아져 들어왔다.

"꿈속에서나 갈 수 있을까요?"

"희망은 있습니다."

"어떤 박사님이 앞으로는 옛날처럼 하는 여행이 어렵다는대요."

"달나라도 가는 세상인데 기다려 봅시다."

10

유혹

아침 산책길에 도토리 하나를 주웠다.

앞에 가던 여자가 무얼 줍길래 나도 그곳에 가서 땅을 보았다. 도토리 하나가 떨어져 있다. 이제 밤송이는 짙은 갈색으로 변하고, 날카롭던 가시가 힘을 잃어가고 있다. 참나무 밑에서 스트레칭을 한다. 허공은 참나무 가지들로 층층이 공간을 만들어내고 있다.

아카시아 나무도 보이고, 밤나무도 보인다. 그 위에 희뿌연 하늘이 있다. 상수리나무인지, 굴참나무인지, 신갈나무인지, 떡갈나무인지, 갈참나무인지, 졸참나무인지 그런 것은 내게 의미가 없다. 모든 것은 뭉뚱그려 도토리나무일 뿐이다.

산에는 도토리를 줍는 사람들이 생겨났다.

이제부터는 생각 없이 걷던 길을 행여나 도토리가 있을까 하여 고개를 숙이고 걸을지도 모르겠다. 어떤 것에 관심을 가지면 그것에 대해 계속 생각하게 된다. 하와가 뱀의 질문을 받고 나서 선악과에 대한 관심을 갖고, 그 유혹을 떨쳐내지 못한 것처럼….

며칠 전 아침에 한강으로 산책하러 나갔다.

노란 백일홍을 발견했다. 여름을 지내고 살아남은 볼품없는 백일홍 여남은 개가 강물 가까이에 피어 있다. 잡초에 가려져서 잘 보이지도 않는다. 돌아오는 길에 그것을 꺾고자 하는 욕심에 사로잡혔다. 잡초들을 헤치고 가까이 갔다. 개망초나 억새가 아닌 그것을 아무도 야생화로 여기지 않는 것이 양심에 걸렸다. 사람들 눈에 띄지 않는 곳이니 괜찮을 거라고 스스로 말하면서 두 송이를 꺾어서 거꾸로 들고 왔다.

유리컵에 담아놓고 잘 꺾어왔다고 흐뭇해한다.

그날 점심때 옥수동에서 친구들을 만나기로 했다.

전철역 플랫폼에 앉아서야 휴대폰을 가지고 오지 않은 것을 알았다. 옆자리 벤치에 앉아 있는 청년에게 휴대폰을 빌려서 남편에게 전화를 했다. 서울로 한참이나 달려간 남편은 다시 돌아와서 나에게 휴대폰을 갖다주려고 7층 우리 집 계단을 빠르게 오르내렸다.

그날 마침 아파트 엘리베이터가 고장이 났다.

보디발의 아내가 요셉의 옷을 붙잡자 요셉은 그녀의 손에 자기 옷을 버려두고 도망했다. 보디발의 아내는 남편이 돌아올 때까지 그 옷을 곁에 두었다. 아마도 하루 종일 그 옷을 노려보았을 것이다.

유혹이라는 것은 '꾀어서 정신을 혼미하게 하거나 나쁜 길로 이끄는 것'이다. 사람은 어떤 것을 보거나 들었을 때 그것에 대하여 생각하게 된다. 생각하다 보면 그것이 행동을 낳고, 그것은 다시 죄를 가지고 온다. 보디발의 아내에게는 잘 생기고 영민한 요셉이 곁에 있었다. 다윗은 목욕하던 밧세바를 보았다. 그리고 그녀를 자기 궁궐로 불러들였다.

죄가 없었을 때도 유혹은 있었다.

그러고 보면 유혹받을 환경이라는 것이 내 주변 어디에나 있다. 세상은 결코 무균실이 아니다. 그것은 사람과 사람 사이에만 존재하는 것도 아니다. 그것은 사람과 사물 사이에도 존재한다. 사물과 사물 사이에는 물론 없을 것이다. 거기에는 생각이 작동되어야 하기 때문이다. 생각이 없는 상태에서 유혹이란 있을 수 없다. 그 생각은 끈질길 수도 있고, 단순할 수도 있다. 단순하다는 것, 무지하다는 것도 결코 정당한 변명은 못 된다.

여름에는 보름이나 가던 백일홍이 삼일 밖에 안 간다.

오늘 아침에 노란 꽃이 까맣게 변한 것을 발견했다. 자기 때가 아니라서 변한 것도 있겠지만 있던 곳을 옮겨서 그랬을 수도 있다. 그날 아침 괜히 정신이 혼미해서 휴대폰도 두고 가고, 약속 장소도 금방 인식하지 못한 것을 보니 꺾어버린 백일홍 탓인 것 같다. 백일홍 하나에 하와가 생각나고, 보디발의 아내가 생각나고, 밧세바가 생각났다. 까맣게 변해가는 백일홍이 나에게 말하는 것 같다.

"내년에는 꺾지 말아 주세요."

11

동상이몽

동상이몽은 같은 침상에서 서로 다른 꿈을 꾸는 것이다.

겉으로는 같이 행동하면서 속으로는 각기 딴생각을 한다. 같은 입장, 같은 일인데도 목표가 저마다 다르다. 사람들은 같은 곳에서 같은 목적을 가지고 있는 것처럼 보이지만 실상은 다른 경우가 많다.

메소포타미아에 있었던 야곱과 라반이 그랬다.

야곱은 열심히 양을 돌봤다. 야곱은 겉으로는 라반을 위해 일하는 것처럼 보였지만 자기 재산인 양들을 불리는 데에 전념하였다. 라반은 조카인 야곱을 부려 자신의 부를 늘리는 것이 목표였다. 이들처럼 같은 목표를 가지고 있으면서 다른 목적으로 같은 일을 하는 사람도 있다.

예수님의 제자였던 가룟 유다는 자신이 예수님의 제자였음에도 불구하고, 항상 돈에 관심이 있었다. 베다니 마리아가 그녀의 나드 향유를 예수님의 발에 부었을 때, 왜 그것을 팔아서 가난한 자들에게 주지 않느냐고 비난하였다. 그것은 겉으로 보기에는 너무나 지당하고 타당한 말이다. 그는 '가난한 자들은 항상 네 곁에 있지만 이 여자가 한 일은 내 장사를 준비함'이라는 예수님의 말씀을 들었다.

예수님과 같은 식탁에서 만찬을 먹었음에도 그의 생각은 오로지 돈에만 있었다. 유다는 예수님을 겨우 은 삼십에 종의 몸값을 받고 팔았다.

아브라함은 롯과 함께 하기를 원했다.

아브라함은 갈대아 우르를 떠날 때부터 그를 데리고 다녔다. 전쟁에서 포로로 잡힌 롯을 구해주었다. 이집트까지 같이 갔다. 하지만 롯은 소돔 쪽만 보고 살았다. 롯은 소돔을 이집트의 풍부한 물을 바라보듯 하다가 드디어 그곳으로 자리를 옮겼다. 롯은 믿음이 좋은 아브라함을 견디지 못하고 자기 좋을 대로 갔다. 세상을 상징하는 소돔으로 갔다. 아브라함과 동행했지만 마음은 항상 그를 떠나 있었다. 그는 세상이 너무 좋아 보였다.

성경에는 쓸쓸한 장면들이 있다.

디모데후서는 바울이 거의 마지막 시간에 쓴 편지다. 4장에 **"데마는 현재의 이 세상을 사랑하여 나를 버리고 데살로니가로 떠났고"**라는 말이 나온다. 데마는 충실한 바울의 동역자였으나 그를 버리고 화려한 도시로 떠났다. 그가 떠난 이유는 현재의 이 세상을 사랑했기 때문이라 했다. 세상을 사랑하는 그 마음이 바울과 함께 하는 답답함을 이겼다.

수년 전에 데살로니가를 방문했을 때, 이천 년 전에도 이 도시가 화려한 도시였다는 게 느껴졌다. 데살로니가는 곳곳에 로마 유적지가 있다. 바울이 사역했던 그 도시에서 검푸른 물결이 넘실거리는 에게해를 바라보았다. 그 도시를 스쳐 지나간 사람들을 떠올렸다. 잘 정리된 도시를 보며 뉴욕 맨해튼과 비슷하다고 생각했다. 하물며 그 당시에도 중심 도시였던 그곳임에랴. 그 도시로 그가 떠났다.

로마 총독 벨릭스는 자기 아내 드루실라와 함께 바울의 설교를 들었다. 또 바울과 대면하여 자세하게 복음을 들었다. 바울이 의와 절제와 다가올 심판에 대하여 강론하자 떨면서 말했다.

"이번에는 네 길로 가라.

내게 적당한 때가 생기면 내가 너를 부르리라"(행 24:25)

그 후에 그는 더 자주 사람을 보내어 그를 부르고 그와 이야기를 나누었다. 그렇게 두 해를 했다. 그 이유는 그가 바울에게서 돈을 받고 풀어 주기를 바랐기 때문이었다. 같은 자리에서 바울은 복음을 이야기하고, 그는 돈을 생각했다. 결국 2년이 지났음에도 불구하고 벨릭스는 복음을 받아들이지 못했다. 2년 후에 벨릭스는 베스도에게 유대 총독 자리를 물려주고 말았다. 이런 것이 동상이몽 아닌가?

로마인이 생각하는 군주는 '통치하는 사람'이지만 페르시아인이 생각하는 군주는 '전쟁하거나, 사냥하거나, 잔치하는 사람'이다.

똑같은 군주를 이렇게도 다르게 생각한다. 왜 같은 사람, 같은 사물을 대하는 태도가 이렇게 다른가. 사람이 같은 환경에서도 다르게 생각하는 이유는 '그의 목적이 어디에 있느냐'이다. 하나님 관점과 세상 관점의 차이다. 또 세상적 물욕이 있느냐 없느냐가 큰 차이를 만들어낸다.

남편과 나는 다른 점이 한둘이 아니다.

나는 멀리 있는 것을 잘 보지만 그는 가까이 있는 것을 잘 본다. 그는 뭐든지 딱딱 똑 부러지지만 나는 두루뭉술하다. 그는 활동적이지만 나는 정적이다. 그는 돈 걱정하지 않고 돈을 쓰지만 나는 돈 걱정하면서 쩨쩨하게 쓴다. 그러니 우리는 동상 이행(?)하는 부부다. 토요일 저녁에 한가하게 저녁 식사를 마쳤다. 남편과 이런저런 이야기를 하고 싶었다. 압력밥솥에 눌린 누룽지가 식탁에 놓였다.

밝은 불빛에 노릇노릇한 게 먹음직스럽다.

"여보, 이리 좀 와봐요."

『왜?』

"대화 좀 하게요."

『당신, 피부가 아주 좋은데?』

"화장을 안 지웠죠."

『어? 분장을 한 건가? 분장술이 대단하구먼.』

"…"

그날 대화 좀 하자는 내 '동상이몽'은 남편이 하는 '동상이언'에 깨져버렸다.

12

기름

출애굽기 30장에는 거룩한 기름을 만드는 방법이 나온다.

순수한 몰약 500 세겔, 향기로운 육계 250 세겔, 향기로운 창포 250 세겔, 계피 500 세겔, 올리브기름 일 힌으로 거룩한 기름을 약제사의 제조법대로 만들라고 하였다. 액체 상태의 기름 일 힌은 3.67 리터로 지금으로 말하면 큰 페트병 두 개 분량 정도다. 그 기름에 위의 재료를 섞은 것이 거룩한 기름이 되었다.

기름과 다른 것을 혼합하였으니 그 기름이 줄줄 흐르지는 않았을 것이다. 읽으면 그냥 이해가 되어야 하는데 그렇지 못해서 가끔 안타깝다. 그 거룩한 기름을 성막과 성막의 온 기구에 발랐고 그것으로 아론과 그의 아들들에게 기름을 부어 거룩하게 구별하였다. 하나님은 그 방식대로 혼합하거나 조금이라도 낯선 자에게 그것을 붓는 자는 자기 백성에게서 끊어지리라고 하셨다. 거룩한 향도 마찬가지다.

성막의 등잔불은 성막 안을 비추었다.

등잔의 기름은 올리브를 찧어 만든 순수한 기름이다. 등잔은 여섯 가지가 나왔지만 하나로 연결된 일곱 개다. 그것을 '메노라'라고 부른다. 그 빛은 "나는 세상의 빛이라"라고 하신 예수님을 상징한다. 그 빛은 항상 타올라야 했다. 제사장들은 그 등불을 저녁부터 아침까지 점검했다. 아론이 등잔을 정비한다는 말에서 나는 추억 속의 한 장면을 떠올린다. 일찍 밤이 찾아오는 우리 집에 등잔이 있었다.

하얀 사기 등잔 속에 무명실을 굵게 말아서 심지를 올리고는 석유를 넣고 불을 붙였다. 그 등불 하나로 세상이 환해졌다. 그 불이 침침해지고 그을음이 생기기 시작하면 아버지는 까맣게 타버린 불똥을 정성스레 제거하셨다. 그러면 불은 확 타오르다가 붉은 불빛과 까만 연기를 올리고선 금세 얌전한 불씨로 다시 되돌아왔다.

나는 귀한 보물을 가져오듯 그 등잔을 가지고 시집을 왔다. 잘 닦아서 거실 책장 한쪽에 두었다. 그 등잔만 보면 불똥을 없애던 아버지 생각이 난다. 엄마가 쓰던 인두도 가지고 왔다. 그것으로 바느질하던 엄마도 내 마음 한편에 두고 있다.

성경에서 기름은 '거룩한 기름'으로 나오기도 하고 '치료제'로 나오기도 한다. 누가복음에는 강도를 만난 사람이 나온다. 제사장과 레위인은 그 사람을 못 본 척하고 지나간다. 유대인이 멸시하던 사마리아인은 지나치지 않는다. 예수님은 '이웃'을 설명하시면서 이 이야기를 하신다. 사마리아인은 강도 만난 자에게 가서 기름과 포도즙을 붓고 그의 상처를 싸맸다. 그 당시에는 그것들이 치료제 역할을 하였다.

날이 차고 건조해지니까 내 코가 헐어서 재채기가 났다. 어느 날 가만히 생각하니까 콧속에 기름을 발라보면 좋을 것 같았다. 사하라 사막에서 채취한 선인장이 들어있다는 에센스 오일을 바르고, 아침까지 기분 좋게 잠을 잤다. 며칠 지난 지금은 코가 말짱하다.

어떤 사모님은 피곤하면 포도 주스를 마신다고 한다. 포도당을 공급해서 금방 기운이 난단다. 나이가 들면 자신만의 치료법이 있다. 우리들의 민간요법을 아이들은 웃어넘기지만 나는 사뭇 진지하다.

야고보서 5장에는 병든 자가 있으면 주님의 이름으로 기름을 바르며 그를 위해 기도하라고 했다. 실제로 기름을 바르며 기도했다고 본다. 아마도 그 기름은 지중해 주변에 널려있는 올리브기름이리라.

"믿음의 기도는 병든 자를 구원하리니 주께서 그를 일으키시리라. 그가 죄들을 범하였을지라도 그것들을 용서받으리라"(약 5:15)라고 하셨다.

오래전에 남편과 나는 병원에 입원해 있는 자매를 찾아가서 이 말씀을 주었는데 그 자매는 자신을 죄인 취급하였다고 화를 내면서 교회를 떠나버렸다. 이 구절을 읽을 때면 아프다. 내 의도와는 다르게 오해를 받으면 그것만큼 곤란한 일도 없다.

「열여덟 살 이덕무」라는 책에서 이덕무는 이렇게 말한다.

"넓은 가슴 통쾌하게 서 말 가시 없애고 마음은 툭 트여서
사방 통한 큰길 같다."

하물며 믿음도 없던 어린 소년이 이런 말을 했는데 나도 성령님의 기름으로 모든 것을 감사로 받아야 할 것이 아닌가.

하나님은 아론과 그 자손들에게 다른 사람들과는 다른 높은 도덕성과 구별됨을 요구하셨다. 제사장은 제사장답게, 목사는 목사답게, 사모는 사모답게….

그대,
당신의 기쁨과 슬픔을
그분이 아십니다

제2장

속셈

13

소금

도자기 그릇은 금이 가거나 귀가 떨어지면 그것으로 생명이 끝난다. 중국 사람들은 깨진 곳이 많을수록 가치가 있다고 하는데 우리나라는 그렇지 않다. 손님으로 갔는데 귀가 떨어지거나 금이 간 그릇을 내놓으면 자신이 홀대받는다고 느끼기도 한다. 내가 가장 아끼던 머그컵이 손잡이가 뚝 떨어져 버렸다. 손잡이가 있던 것이 손잡이가 없으니 더는 쓸모가 없게 되었다. 패랭이꽃이 그려져 있는 그 컵을 유난히 아끼며 사용했다. 그 컵을 버릴 수가 없어서 어떻게 쓸까 생각하다가 소금을 담아놓았다. 망가진 컵을 아주 적절하게 이용하는 것 같아서 흐뭇하기 이를 데 없다.

싱크대 위 선반에 올려놓고 소금 몇 알씩 꺼내 쓰다가 퍼뜩 속담 하나가 생각이 났다.

'부뚜막의 소금도 집어넣어야 짜다.'

가스레인지가 옆에 있으니 우리 집 부엌이 부뚜막인 셈이다. 어릴 적 우리 집 부엌에는 큰 가마솥이 있었고 그 옆에 까만 투가리가 있었다. 서울 사람들은 투가리를 뚝배기라고 하는데 그 속에 소금을 담아놓고 쓰던 것이 생각났다. 그 투가리는 항상 부뚜막에 있었다.

아무리 소금이 가까이 있다 한들 그것을 넣지 않으면 음식이 맛있을 리가 없다. 그래서 그런 속담이 생겼나 보다.

요즘에는 신안 앞바다 청정 천일염마저 미세 프라스틱이 있다고 한다. 결코 변하지 않고 변할 수 없는 소금이 이제는 함부로 먹을 수 없는 것처럼 인식이 되었다. 하얀 꽃소금은 미네랄이 전혀 없고 해로우니 먹지 말라고 한다. 소금도 진화해 한 번 구운 소금, 세 번 구운 소금, 아홉 번 구운 죽염까지 있고 마트에는 소금을 넣은 치약도 있다.

소금은 짜기 때문에 소금이다. 그 소금이 맛을 잃으면 더 이상 소금이 아니다. 그래서 예수님도 소금이 그 맛을 잃으면 발에 밟히고 버려진다고 하셨다. 소금의 진가는 그 짠맛이다. 그 짠맛은 모든 음식의 맛을 내고, 부패하는 것들을 소독하는 역할을 한다. 그것은 가장 흔하지만 없어서는 안되고, 귀하다고 인식이 되지만 하찮게 여기는 것이기도 하다.

샐러리맨이라는 말은 쏠트에서 유래되었다고 한다.

에스라서 4장과 6장과 7장에 백성이 받는 것 중에 소금이 언급된다. 소금은 사람들에게서 떨어질 수 없는 것이다. 하나님은 그의 자녀들과 언약을 맺고는 소금 언약이라고 하셨다. 소제 헌물에는 소금을 쳤다. 엘리사는 소금으로 물을 고쳤다.

사사기 9장에서는 아비멜렉이 백성을 죽이고, 성을 헐고는 소금을 뿌렸다. 나 같은 태음인은 짜게 먹으라고 해서 천일염을 그냥 집어 먹기도 하고, 죽염을 자주 입에 털어 넣기도 한다.

골로새서 4장 6절에서는 **"너의 말을 소금으로 간 맞추어 항상 은혜롭게 하라"**라고 한다. 나는 이 말씀을 읽을 때마다 겨울철에 소금에 절이는 김장배추 생각이 난다. 그것은 소금에 절여져서 부들부들하다. 절대로 뻣뻣하지 않다. 잘 절여질수록 부드럽다. 그것을 물속에서 양손으로 비비면서 노글노글해진 것을 즐긴다. 내 말과 행동도 이렇게 될 수만 있다면 얼마나 좋으랴. 내 말은 모가 나서 다른 사람을 찌른다. 남편은 어느 날 운동하다가 내게 말했다.

「부부는 서로에게 '지향'하는 것이 아니라 '지적질'을 한다.」

이 말에 어떤 반론도 할 수 없다. 옳은 말이다.

틈만 나면 상대방을 '지적질'하고 있으니….

히말라야 근처에 사는 사람들이 소금을 채취하는 것을 TV로 본 적이 있다. 남미 한가운데에도 소금이 있다. 바다가 없는 몽골에도 소금호수가 있다. 심지어 사하라 사막에도 소금이 있다. 육지의 한가운데에 있든, 바다 옆에 있든 이 세상 모든 사람들은 소금을 구할 수 있다. 이 세상에서 소금을 모르는 사람은 없다.

하나님은 노아 홍수 때에 육지를 바다에 퐁당 빠뜨리시고 이 세상에 있는 모든 사람에게 소금을 먹게 하셨다. 그리고 말씀하신다. 너희는 세상의 소금이라 하신다. 또 말씀하신다. 그 소금의 짠맛을 잃지 말라고 하신다.

14

도시국가 아테네와 대한민국

고대로부터 나라를 통치하는 자의 의무는 식량과 안전보장이다. 백성에게 식량을 지속적으로 공급해 주어야 하고, 국가를 다른 나라의 위협으로부터 지켜내는 것이 모든 통치자의 기본 역량이다.

고대 아테네에서 밀은 그들의 첫 번째 수입 품목이었다. 그 밀의 수입처는 이집트와 시칠리아였는데 그곳은 왕이나 참주가 지배하는 나라였기에 정변이 자주 발생하여 밀수출이 금지되면 아테네는 곧바로 식량 위기에 놓일 수밖에 없었다. 아테네의 지도자 페리클레스는 흑해 주변에서 밀을 수입하였다. 든든한 해군의 호위 아래 밀은 안정적으로 수입되었다. 아테네는 그들의 땅에서 밀을 자급자족할 수 없어 수입할 수밖에 없었다. 그래서 수입 다변화를 꾀하였다. 아테네는 그렇게 식량 안보를 철저하게 지켜냈다.

고대 도시국가 아테네는 해군이 그들을 지키는 강력한 군대였다. 아테네의 테미스토클레스는 페르시아의 크세르크세스 해군을 맞아 큰 승리를 하였다. 세계 3대 해전으로 기록된 살라미스 해전에서 크세르크세스는 눈앞에서 페르시아의 막강한 군함들이 바닷속으로 침몰하는 것을 보았다. 그 해전 이후 페르시아는 다시는 아테네를 침공할 수 없었다. 이렇게 막강한 해군력에는 아테네인들의 지략도 한몫했고, 삼단 갤리선의 역할이 컸다. 아테네는 최고의 조선 기술을 가지고 있었다. 그들은 해군에게 필요한 삼단 갤리선 건조에 필요한 목재 조달지를 칼키디아 지방과 흑해 주변 두 곳으로 삼았다.

얼마 전 우리나라에서 일어난 일본의 반도체 부품 수출 금지로 촉발된 일련의 사태를 보며 이 상황이 고대 그리스의 상황에 빗대어 볼 때 시사하는 바가 크다고 생각한다. 우리나라가 아직도 개발도상국의 굴레에 있다면 일어나지 않았을 일이다.

우리나라 반도체가 일본이라는 나라에 기술적으로, 물량적으로 우위에 서지 않았다면 일어나지 않았을 일이라는 뜻이다. 일본은 그것을 절대로 간과할 수 없었을 것이다. 그 반도체에 제동을 걸 수 있는 것이 일본이 반도체 부품 수출을 중단하는 일이다. 그로 인해 일본과 우리나라는 무역분쟁에 휩싸이게 되었다. 아테네에게 있어서 밀은 수입이 중단되면 국가의 존망이 걸린 일이었다. 우리나라의 반도체도 국가 경제에 차지하는 부분을 무시할 수 없다.

일본은 우리나라를 '괘씸하다' 하고 우리는 일본을 '비열하다' 한다. 일본은 자신들이 기술과 경제력를 지원하였기 때문에 우리나라가 이만큼 되었다고 한다. 사실 일본은 우리나라의 6.25 전쟁이 없었다면 그만큼 부를 축적할 수도 없었다. 일제강점기에 우리는 그들에게 착취당했다고 하고, 그들은 우리를 근대화시켜 주었다고 한다. 우리는 억울함을 잊을 수 없다고 하고, 그들은 그만하면 됐다고 한다.

이웃인데도 절대 이웃이 될 수 없는 관계가 되어 있는 것이 마치 부부 싸움하는 것 같다. 서로 많은 것을 의존하고 있으면서도 절대로 득을 보지 않는 것처럼 한다. 마치 절대로 용서할 수 없는 인간들인 것처럼 말한다.

우리도 진작에 아테네처럼 통치자의 역량인 안전보장과 식량 확보를 염두에 두었더라면 얼마나 좋았을까 생각한다. 부단한 국가의 노력이 있었지만 항상 허점은 있기 마련이다. 사실 모두가 너무나 열심히 살았기에 우리나라를 생각하면 안쓰럽기도 하다. 통치자는 항상 밀을 공급하는 것을 잊지 말아야 한다. 아테네처럼 막강한 국가의 힘이었던 해군력을 위해 삼단 갤리선을 만들었어야 했다.

소도 비빌 언덕이 있어야 한다는데 우리는 아무것도 없었는데 이만큼이나 왔다. 우리에게 힘이 되는 것은 수입처를 다변화하고, 우리가 자체 생산할 수 있는 여건을 만들어야 한다. 나라를 지키려면 국방력이 강화되어야 하고, 백성이 배가 부르려면 곡식이 있어야 한다. 나도 이렇게 하라, 저렇게 하라고 콕 집어서 말할 수 없다. 요압에게서 성을 구하였던 아벨의 여인 같은 사람, 칠 년의 흉년에도 지혜로서 모든 민족들을 구했던 요셉 같은 사람이 나왔으면 좋겠다.

15

아하수에로

에스더서에 나오는 아하수에로 왕은 크세르크세스 왕이다.

그는 페르시아의 네 번째 왕이다. 제국의 왕이었던 그가 누린 삶의 역정을 따라가다가 그도 연약한 인간임을 깨닫게 된다. 아하수에로는 그리스 원정을 떠나기 전 그의 재위 3년째에 모든 총독들을 초청해 육 개월 동안이나 잔치를 한다. 그 잔치 중에 와스디 폐위 사건이 일어난다. 왕은 포도주로 마음이 즐거울 때 왕비 와스디를 왕 앞으로 데려가 그녀의 아리따움을 백성과 통치자들에게 보여주고자 하였다. 그녀는 보기에 아름다웠다. 어찌 왕비가 왕의 명령을 거역할 수 있을까만은 술에 취한 남편이 하는 말을 듣고 싶지 않을 수도 있겠다 싶다. 왕은 심히 노하여 분노가 불붙었다. 이 일로 와스디는 폐위된다.

에스더서 이야기는 에스라 6장과 7장 사이의 이야기다.

유대인을 모두 말살하려는 하만의 계획이 성취되었더라면 부림절도 없고, 2차, 3차 포로 귀환도 없었을 것이다. 2차, 3차 귀환과 관련이 있는 에스라와 느헤미야도 죽었을지 모른다. 마치 조선 왕실 여인들처럼 간택된 에스더는 1년간의 준비를 거쳐 페르시아에서 가장 아름다운 여자가 된다.

에스더는 아하수에로가 4년간 그리스 원정을 마치고 돌아온 후 재위 7년째에 페르시아의 왕비가 되었다. 그 4년 동안 에스더는 왕궁에서 궁중 예법을 배우고, 이스라엘 민족성을 키웠을 것 같다. 남편이 승리를 가지고 돌아오기를 바라면서….

아하수에로가 그리스 원정에서 선명한 역사를 쓴 것은 크게 두 가지로 말할 수 있다. 기원전 480년에 일어난 테르모필레 전투와 살라미스 해전이다. 레오니다스가 이끌던 스파르타의 300명이 죽으면서 테르모필레 전투는 페르시아의 승리로 끝난다. 아하수에로는 전쟁이 끝난 후에 레오니다스의 목을 베라고 했다. 그리고 그것을 공개했다. 용감하게 싸웠다면 적이라도 경의를 표했던 페르시아 군대로서는 야만적인 행동이었다. 신사답지 못했다.

페르시아군이 아테네로 들어갈 때 해군을 지휘하던 테미스토클레스는 아테네에서 모든 사람을 철수시켰다. 아테네에는 개, 고양이마저도 없었다고 한다. 아하수에로가 아테네로 입성할 때는 모든 시내가 비었다. 아하수에로는 그 도시를 모두 불태웠다. 아크로폴리스도 불태우고, 집도 모두 불태웠다. 아테네인들은 불타는 아테네를 멀리서 바라보았을 것이다. 그 결과 페르시아군은 쉴 곳도 잠잘 곳도 없었다.

모든 것을 불태웠으니 그들이 쉴 곳은 정작 어디에도 없었을 것이다. 어떤 성을 점령할 때는 음식이 될 수 있는 열매가 있는 나무는 베어내지 말라는 신명기 말씀이 있다. 이것은 전쟁 법칙 중 하나다. 하물며 잠깐 지나가는 장소도 아닌 먼 이국의 점령지를 모두 불태웠으니….

아테네까지 밀고 들어간 페르시아는 이제 마지막으로 해군을 무찌르는 일만 남았다. 해전의 승리를 확신한 아하수에로는 두 가지를 명령했다.

첫째는 페르시아 해군의 지휘권을 동생에게 맡겼다.

둘째는 해전을 한눈에 내려다볼 수 있는 절벽 위로 황금으로 만든 옥좌를 옮기라고 명령했다. 그곳에서 신하들과 함께 해전을 관전하겠다는 것이다. 거기에 왕자들까지 있었다. 전쟁의 승리를 확신하였고, 그 승리를 맛보고 싶은 마음이 이해가 간다. 1,207척의 페르시아 해군과 380척의 그리스 해군의 격돌은 테미스토클레스의 지휘를 받은 그리스의 승리로 끝났다.

절벽 위에서 이 해전을 관전한 아하수에로의 마음과 얼굴이 상상이 된다. 39세였던 그는 이 상황을 어떻게 받아들였을까. 사람은 일생에 한 번쯤은 이런 경우를 당하지 않을까 싶다. 그것도 자식 앞에서 당한 패배이니 그의 비참한 심정을 읽고도 남는다. 전쟁에 패한 후에 그는 육로로 북상하여 페르시아로 돌아갔다. 하지만 남아 있던 육군은 해군으로부터 병참 지원을 받지 못하는 지경에 이르렀다. 페르시아는 세 번이나 그리스를 침공했지만 3전 3패 했다.

에스더서에 보면 하만의 계략이 진행될 때 에스더가 사랑스러워

죽을 것 같았던 아하수에로는 에스더에게 소원이 무엇이냐고 묻는다. 나라의 절반이라도 주겠다고 한다. 왕들의 표현이 그런 것인지, 아하수에로만 그렇게 간절한 것인지는 모르겠지만 동화 같은 이야기다.

하만이 에스더의 침상에 머리를 묻었을 때 왕은 얼마나 분노했을까. 왕은 하만의 계략에 대한 전권을 에스더에게 주고, 이스라엘 민족에게는 부림절이 생긴다. 하나님이라는 이름은 한 번도 나오지 않지만 하나님의 손가락이 있는 에스더서다. 별처럼 빛나는 에스더가 주인공이다.

아하수에로는 아름다움을 사랑했다.

화를 잘 내는 사람이기도 했다. 세상의 권력을 가졌으나 비참한 패배도 맛보았다. 이방 왕이었으나 이스라엘 민족에게 없어서는 안되는 훌륭한 조연자 아하수에로다.

16

창세기 19장, 사사기 19장

기이하게 같은 장이다.

창세기 19장의 소돔성 사건과 사사 시대 기브아의 사건이 비슷하다. 이스라엘에 왕이 없을 때, 에브라임 산 쪽에 머물던 어떤 레위 사람이 베들레헴 유다에서 첩을 취했다. 당시 상속 재산이 없었던 레위 족속은 이스라엘의 모든 지역에 흩어져 살았다. 모든 지파들은 레위 지파에게 재산을 나누어줄 의무가 있었다.

그런 연유로 레위 족속은 모든 지역에 흩어져서 하나님의 말씀을 전하고 제사장의 일을 해야 했다. 거룩하게 살아야 할 레위 족속이 첩을 취하였다. 거기에 더해 그 첩은 남편을 대적하여 창녀 짓을 하였다. 그러고는 친정으로 가서 넉 달이나 있었다. 그 첩을 찾으러 간 남편의 이야기가 사사기 19장의 이야기이다.

그 남자는 미적거리다가 다섯째 날 오후 늦게야 처갓집을 떠난다. 이 레위 사람은 거룩하지도 못했을뿐더러 강단도 없고, 지혜도 없다. 해가 질 때 그 남자는 베냐민 족속에게 속한 기브아에 머문다. 그를 유숙하게 한 노인의 집에서 마음을 즐겁게 할 때, 그 도시에 있는 벨리알의 아들들이 그 집을 에워싸고 문을 두들기며 집주인에게 "그 남자를 이끌어내라"라고 한다.

불량자들은 "우리가 그를 알리라. We may know him"라고 말한다. 성경에서 '안다'라는 말은 부부가 동침하는 것을 말할 때 쓰는 단어다.

노인은 그들에게 이런 어리석은 짓을 행하지 말라고 하면서 자기의 처녀 딸과 그 남자의 첩을 내주겠다고 한다. 처녀 딸을 기꺼이 내주겠다고 하는 노인은 마치 소돔 성의 롯이 자신의 두 딸을 내주겠다고 하는 것과 닮았다. 롯의 두 딸은 정혼한 상태였는데도 롯은 조금도 거리낌이 없다. 사위들이 롯의 말을 농담으로 여길 정도였으니 롯 또한 그들에게 애정을 가진 것으로 보이지 않는다.

롯의 집에 온 사람들은 천사라서 그들의 의도대로 목적을 달성했지만, 이 노인의 집에 온 남자는 그날 밤에 자기의 첩을 잃고 만다. 그의 첩은 아침까지 윤간을 당하다가 그 집 문지방에 손을 걸친 채 죽어버렸다. 이 사건으로 이스라엘과 베냐민 족속 간에 싸움이 일어나 베냐민 족속은 육백 명밖에 남지 않는다. 롯도 그의 말년에 자신의 딸들과의 관계에서 모압과 암몬을 낳는다. 하나님을 제외한 삶의 마지막 모습이라고 해야 옳을 것 같다.

사람이 극도로 타락하면 남녀 관계는 이성과의 관계가 아니라 동성이 되고, 더 나아가면 사람과 짐승과의 관계가 된다. 성경에 간혹 '남색하는 자들'이란 표현이 나온다. 그것은 'sodomite'인데 소돔성에서부터 기인된 것 같다. 하나님께서 가나안으로 가는 이스라엘 백성들에게 그곳 가나안 사람들을 다 죽이라고 한 이유가 있다. 그곳 가나안 사람들이 동성 간의 관계나 짐승과의 관계인 수간을 아무렇지도 않게 행하였기 때문이다. 그것을 더 이상 볼 수 없어서 하나님은 이스라엘 백성에게 그들을 다 죽이라고 하시면서 심판하셨다. 모든 가나안 사람을 죽이라고 한 이유는 그들의 죄악이 찼기 때문이다. 모세오경 내용 중에 나오는 잔혹한 심판은 그런 견지에서 이해해야 한다.

내가 참 괜찮게 생각하는 국회의원이 있었는데 요즘 그에게 실망하였다. 그는 동성애자들을 지지한다고 하였다. 그 이유가 그들이 소수이기 때문이란다. 무엇이든 소수라는 이유만으로 지지받을 수는 없다. 정말 그가 소수를 사랑함으로 지지하고 있을까? 그들이 약자라고 말할 수 있을까? 민주주의는 다수결이 옳다고 한다. 옳아서 옳은 것이 아니라 다수이기 때문에 옳게 여겨지는 일이 많다.

이제는 이런 말을 하면 정치적인 견해로 이해하는 세상이다.

그렇다면 남이 아닌 우리 가족의 일이라면 그것을 받아들일 수 있을까? 그들은 하나님의 언약이었던 무지개를 그들의 상징으로 쓴다. 왜 이제 우리는 그 색깔을 순수하게 사용할 수 없을까?

17

안다고 말 못 한다

성경을 읽으면서 아름다운 문장이나 읽는 장의 요약이 될 만한 문장들을 옮겨 적는다. 알아보기 쉽게 문장의 행을 바꾸다 보니 제법 양이 많아진다. 오늘 아침에 드디어 말라기를 끝냈다.

성경을 읽다가 그냥 넘기면 기억이 나지 않아서 쓰기 시작했는데 그렇게 하니 성경 속의 의미가 새롭게 다가온다. 한참을 쓰다가 내가 이것을 누구에게 다시 전한다는 마음으로 써야겠다고 생각했다.

누구에게 전할까 생각하다가 손주들이 생각났다.

아이가 어느 정도 컸을 때 이것을 주겠다고 마음먹었다. 그러고 보니 글씨도 날려서 쓸 수가 없고, 성의 없이 쓸 수도 없게 되었다.

오늘 아침 스가랴를 쓰다가 메시아 출현 부분을 읽었다.

"오 시온의 딸아, 크게 기뻐하라.

오 예루살렘의 딸아, 큰 소리로 외치라.

보라, 네 왕이 네게 오느니라. 그는 의롭고 구원을 소유하며

겸손하여 나귀를 타되 나귀 새끼 곧 어린 수나귀를 타느니라"(슥 9:9)

"내가 그들에게 이르되, 너희가 좋게 여기거든

내 값을 내게 주고 그렇지 아니하거든 그만두라, 하매

이에 그들이 은 서른 개를 달아 내 값으로 삼으니라.

또 주께서 내게 이르시되, 그것 즉 그들이 나를 평가하여 매긴

그 상당한 값을 토기장이에게 던지라 하시기에 내가 그 은

서른 개를 취해 주의 집 안에서 토기장이에게 던지고"(슥 11:12,13)

이런 부분들은 메시아에 대한 예언이다.

이스라엘이 바빌론에서 돌아와 다시 성전을 건축하던 때 예언을 한 선지자가 스가랴인데 왜 그 시기에 하나님은 이런 말씀을 하셨을까? 예루살렘에 입성하는 메시아가 나귀를 탈 것이라 예언하였다. 나귀는 그 당시 보편적인 교통수단이다.

스가랴는 400년 후에 오시는 예수님을 예언하고 있다.

잊히지 않고 아쉽게 생각하는 것 하나는, 우리 큰 아이가 어렸을 때 누군가에게 빌린 동화책이 있었다. 그것은 외모도 신통찮고 이렇다 하고 내세울 만한 것이 하나도 없는 천덕꾸러기 나귀 한 마리의 이야기다. 그 나귀가 어떤 주인에게 팔려 갔는데, 나중에 그 나귀가 예루살렘에 들어가는 메시아를 태우는 나귀가 되었다는 내용이다.

그 동화책을 지금까지 간직하지 못한 것이 못내 서운하다.

그것을 다시 어떻게 찾아야 하나. 마치 '미운 오리 새끼' 같은 내용이지만 내가 크게 감동했다. 작가가 어떤 사람일까 궁금하다.

사도행전 1장과 마태복음 27장에는 가룟 유다가 예수님을 은 삼십에 팔았다가 죽는 이야기가 나온다. 그 돈은 토기장이의 밭을 사는 값이 되고 유다는 거꾸로 떨어져 창자가 흘러나오는 죽음을 맞는다.

은 서른 개의 값이 그 당시 종 한 사람값이라는데 구약의 요셉은 은 스무 개에 팔린다. 그것은 구약과 신약의 시간 차이일까?

미가는 요담, 아하스, 히스기야 시대의 대언자다.

미가서 5장 2절에는 이런 말씀이 있다.

"베들레헴 에브라다야
너는 유다 족속 중에 작을지라도
이스라엘을 다스릴 자가 네게서 내게로 나올 것이라
그의 근본은 상고에, 태초에니라."

히스기야 시대에 미가가 한 이 예언은 명확하다.

메시아가 태어날 장소를 꼭 집어 말했다는 것이 놀랍다. 특히 대언서를 읽다 메시아에 관한 부분들이 한 줄씩 나타날 때면 그 부분들에 더 집중하는 나를 발견한다.

이사야 9장에는 한 아이가 우리에게 태어났다는 말씀이 나오고, 이사야 7장 14절에는 **"처녀가 수태하여 아들을 낳고 그의 이름을 임마누엘이라 하리라"**라는 말씀도 있다.

이때, 이 상황에서 왜 이런 말씀들이 하나씩 나오는지 알 수 없다. 그것은 마치 추리소설의 추리를 하다가 멈출 수밖에 없는 것 같은 기분이다. 명확한 말씀의 현현도 있지만, 미궁 속으로 빠져드는 기분도 든다. 모든 학문은 학문의 결과가 정확하게 나온다.

성경은 '이것이 이러하다'라고 정확하게 말할 수 있는 것도 있지만, 결코 '이것은 이러하다'라고 말할 수 없는 것들이 많기도 하다. 성경을 '안다'라고 말할 수도 있지만 '안다'라고 말할 수도 없다.

18

백부장

백부장이 말했다.

“내 종이 마비 병으로 집에 누워 몹시 고통을 받나이다.”

『내가 가서 그를 고쳐 주리라.』

“주여, 주께서 내 지붕 아래로 오심을 내가 감당할 자격이
없사온즉 오직 말씀만 하옵소서. 그러면 내 종이 낫겠나이다.
나도 권위 아래 있는 사람이며 내 아래에도 군사들이 있어
내가 이 사람더러, 가라, 하면 그가 가고 저 사람더러, 오라, 하면
그가 오며 내 종더러, 이것을 하라, 하면 그가 그것을 하나이다.”

『이스라엘에서 이렇게 큰 믿음은 내가 결코 보지 못하였노라.』

예수님은 백부장에게 말씀하신다.

『네 길로 가라. 네가 믿은 그대로 네게 이루어질지어다.』

하시니 바로 그 시각에 그의 종이 나았다.

마태복음 8장에 나오는 이야기다.

새벽에 이 말씀을 읽고 갑자기 정신이 멍해졌다.

백부장의 말과 태도와 그의 믿음에 충격을 받았다.

나는? 나는 이렇게 할 수 있을까?

누가복음 7장을 보니 조금 더 자세하게 나온다. 백부장이 예수님께 유대인들의 장로들을 보내어 자기의 사랑하는 종을 고쳐 주실 것을 간청한다. 그들은 절박하게 그분께 간청했다. 장로들은 그를 위해 이 일을 하시는 것이 그에게 합당한데 그가 유대인들을 위해 회당을 지었기 때문이라고 한다.

예수님께서 그들과 함께 그 집에서 멀지 않은 곳에 이르렀을 때, 백부장은 친구들을 다시 그분께 보내어 아뢴다. 이 말씀을 보면 그 백부장은 예수님의 얼굴을 보지도 않았다. 마태복음에서는 그가 예수님을 대면한 것처럼 기록되었는데 누가복음은 그렇지 않다. 그는 정말 감히 예수님을 대면할 수도 없다고 생각한 것 같다.

이 사건은 비교적 예수님의 초기 사역에 속한다.

그는 예수님의 소문을 듣고 믿은 것 같다. 이스라엘 사람조차 갖지 못한 믿음을 소유하였다. 종의 고통을 없애주고자 하는 간절한 마음이 느껴진다. 훌륭한 인격의 소유자다. 따뜻한 마음을 가진 자다.

예수님이 말씀만으로도 병을 고칠 수 있다는 믿음이 놀랍다.

그는 이방 사람인데 어떻게 그런 믿음을 소유할 수 있었을까? 예수님이 자기 지붕 아래로 오심을 감당할 수 없다고 하였다. 이 말에 그의 예수님에 대한 경외와 믿음이 보인다. 그는 이미 하나님을 사랑하고 이웃을 사랑하라는 율법의 모든 말씀을 이루고 있다.

성경에는 백부장들이 나온다. 백부장은 로마 군대 소속으로 보통 100명을 통솔한다. 로마 시대의 군인들은 20년의 복무 기간이 끝나면 3,000데나리온(은화 100파운드 정도)을 받거나 그에 해당하는 토지를 받았다. 백인대장에게는 매질을 할 권한이 주어졌고, 군단장들에게는 사형을 집행할 권한이 주어졌다. 그들은 유대인들에게 막강한 권력을 휘두를 수 있었다. 하지만 성경에 나오는 그들은 유대인들에게 선행을 베푸는 자들로 묘사되어 있다.

첫 번째로 마태복음 8장에 나오는 백부장이 그렇다.

또 십자가상의 예수님을 목격하고 "그는 실로 하나님의 아들이었다"라고 고백하는 백부장도 있다.

사도행전 10장에 나오는 고넬료는 베드로에게서 복음을 들었던 백부장이다. 이 백부장은 이방인들도 복음을 듣고 유대인과 똑같이 성령을 받는다는 것을 증명한 사람이다. 고넬료도 백성에게 구제물을 많이 주고 항상 하나님께 기도하던 자다.

그들은 이방인들이었지만 하나님을 만났다. 오히려 유대인들보다 더 적극적으로 만났다. 그들의 공통점은 선한 사람들이고, 하나님을 찾았다는 것이다. 진리를 찾는 사람에게 진리는 만나준다고 했는데 바로 그 진리가 그들을 만났다. 가끔 너무나 선한 사람을 만난다.

진실한 믿음을 가진 사람을 만난다. 하나님께 대한 극진한 사랑을 가진 사람을 만난다. 내가 갖지 못한 것들을 가진 사람들을 만나면 내 마음속에 일어나는 어떤 것을 본다. 부러움도 아니고, 시샘도 아니다. 다만 이 백부장이 가졌던 믿음을 구하는 나를 발견한다.

새벽에 종을 위해 예수님께 사람을 보냈던 백부장을 만나고는 멍하니 의자에 앉아 있었다. 그리고 오랜 시간이 지난 후 물 한 잔을 마셨다.

19

총독 빌라도와 본디오 빌라도

본디오 빌라도는 예수님이 십자가에 못 박힐 당시에 팔레스타인을 다스리던 로마 총독이었다. 본디오 빌라도는 사람들이 끊임없이 부르는 이름이다. 가톨릭과 개신교의 사도신경에 그의 이름은 어김없이 나온다. 그는 자기가 그렇게 될 줄 상상이나 하였을까? 지구가 존재하는 한 역사 속에 있던 한 로마인의 이름은 이 세상 끝 날까지 사람들의 입에 오르내리리라.

마태복음에는 그가 예수님을 재판할 당시의 일이 상세히 나오는데 '총독'이 물어보는 것과 '빌라도'가 물어보는 것이 다른 의미로 다가온다. 물론 다른 복음서에는 빌라도라고만 나온다. 가만히 보니 공권력을 행사하는 부분에서는 '총독이 물어보았다'라고 하고, 인간적인 부분이 나올 때는 '빌라도'라고 기술되어 있다.

예수님이 총독 앞에 서시니 총독이 그분께 물었다.
"네가 유대인들의 왕이냐?"
"너희는 내가 이 둘 중의 누구를 너희에게 놓아주기를 원하느냐?"
"무슨 까닭이냐? 그가 무슨 악한 일을 하였느냐?"
이 질문은 총독의 권한을 가진 사람이 할 수 있는 말이다.

빌라도는 총독이라는 신분과 자신의 인간적인 부분에서 감정이 왔다 갔다 한 것 같다. 마태가 이렇게 '총독'이라는 직함을 기록한 것은 그가 한때는 로마의 공무원이었기 때문이 아닐까? 마태는 가버나움 세관의 세리였다.

빌라도는 가장 예민한 시기에 이스라엘 총독으로 있으면서 가이사랴에 머물렀지만 유대인의 명절에는 소요가 있을까 하여 예루살렘으로 왔다. 총독이었던 그가 아무렇지도 않게 사형 선고를 내릴 수 있음에도 불구하고, 그는 예수님을 어떻게 할 것인지 고심하였다. 「빌라도의 보고서」라는 책에는 그가 예수님을 만난 순간 예수님께 압도당했다고 나온다. 그래서 유대인을 적대시하던 그였지만 예수님을 석방하고자 애를 썼다. 빌라도는 성전세를 유용하여 수도공사를 하고, 성전에 로마식 신상을 달았다가 유대인들의 반발로 철회하였다. 사마리아에서 사람들이 모였을 때는 반란으로 오인하여 많은 사람을 학살한 것으로 보아 잔인한 성품을 소유한 자 같다. 이 일로 그는 로마에 소환당한다.

예수님이 십자가에 달리실 즈음에, 그는 예수님이 갈릴리 사람이라는 말에 반색하면서 마침 예루살렘에 와 있던 헤롯에게로 그분을 보냈다. 갈릴리는 헤롯이 통치하는 지역이다. 헤롯은 예수님을 만나보고 싶어 했다. 하지만 헤롯은 예수님에게서 단지 기적을 바랄 뿐이었으므로, 아무 대답도 하지 않는 그분께 실망하였다. 헤롯은 맹렬히 그분을 비난하는 수제사장들과 서기관들, 자기 군사들과 함께 그분을 무시했다. 그분을 조롱하고 그분께 화려한 긴 옷을 차려 입히고 빌라도에게 그분을 다시 보냈다. 바로 그날 빌라도와 헤롯이 함께 친구가 되었다고 누가는 기록한다.

악한 일을 도모할 때는 비록 악한 사람들일지라도 친구가 될 수 있다. "헤롯과 빌라도가 친구가 되었다"라는 말은 강한 인상으로 남는다. 그들은 전에 서로 원수 사이였다. 오래전에 나도 어떤 오해로 인해 이 말을 누군가에게 들었다. 그 말을 들은 나는 기가 막혔고, 모욕을 느꼈다. 성경은 좋은 말씀으로 우리를 변화시키기도 하지만 이런 경우처럼 인용된다면 치명적이라는 생각이 든다.

지금은 오해가 풀렸지만 생채기처럼 생각나는 장면이다. 그 후로 나는 이처럼 누구에게든 나쁜 의미로 "당신이 어떻다"라고 성경에 있는 말을 인용하지 않기로 마음을 정했다.

빌라도가 재판석에 앉았을 때 그의 아내가 그에게 사람을 보냈다. 그의 아내의 이름은 프로쿨라 클라우디아다. 그녀는 사람을 보내어 빌라도에게 "당신은 그 의로운 사람과 조금도 상관하지 마소서. 이날 꿈에 내가 그 사람으로 인해 많은 일로 시달렸나이다"라고 한다.

빌라도는 아내의 이 말이 마음에 걸렸던 것 같다. 그가 예수님을 죽음에 넘겨주기 전에 굳이 물을 가져다가 무리 앞에서 손까지 씻은 것을 보면 그분께 내리는 사형 선고를 어찌하든지 피하고 싶어서 한 행동이 아닐까? 아내의 말이 하루 종일 따라다녔으리라. 오직 자기의 일에만 몰두하여 온갖 악행을 저질렀던 빌라도였지만 이 순간에 얼마나 고심하였을까?

클라우디아는 아마도 예수님에 대하여 들었고, 어쩌면 당시에 자기의 재물로 예수님을 섬겼던 누가복음 8장의 여인들처럼, 예수님을 믿고 있었을지도 모른다. 빌라도에게 지속적으로 예수님에 대한 암시를 하지 않았을까?

요한복음에서 빌라도는 예수님께 **"진리가 무엇이냐?"**라고 물었다. 또 **"너는 어디서 왔느냐?"**라고 하였다. 이 물음은 빌라도가 하였지만 모든 인류의 질문이다. 그는 심오한 질문을 하였다. 하지만 그때 진리에 더 나아가지 못했다. 그가 진리에 대해 평소에 생각했더라면 분명히 해답을 얻었을 텐데…. 그는 유대인들이 "당신이 만일 이 사람을 놓아주면 카이사르의 친구가 아니니이다. 누구든지 자기를 왕으로 만드는 자는 카이사르를 대적하여 말하나이다"라는 말에 굴복하고 말았다. 그리하여 예수님의 죄목은 '유대인의 왕'이 되었다.

그는 총독이었던 자신의 지위를 포기할 수 없었다. 빌라도는 그 후로도 육 년을 더 총독의 자리에 있었다. 예수님을 대면하였던 빌라도는 그 장면을 절대로 잊지 못했으리라. 지금도 사람들은 빌라도가 지옥에서 계속 손을 씻고 있을 거라고 말한다. 그는 로마로 소환되는 중에 자살했다고도 하고, 교부 터툴리안은 그가 크리스천이 되었다고도 한다. 빌라도와 그의 아내 클라우디아를 이집트의 콥트교와 에디오피아 교회에서는 성인으로 추앙하기도 한다.

20

갈릴리 여자들

이스라엘은 크게 유대 지역, 사마리아 지역, 갈릴리 지역으로 나뉜다. 중간 지대인 사마리아는 이스라엘과 이방 사람이 혼혈 되어 이스라엘 사람들은 그들과 상종하지 않았다. '갈릴리'라고 말해보면 입속에서 혀가 경쾌하게 움직인다. 갈릴리는 베드로가 연상되고 물고기가 연상되는 지명이다. 내가 만약 생선가게를 하면 이름을 '갈릴리'라고 하겠다. 갈릴리와 유대 사람들은 오갈 때 사마리아를 가로지르거나, 이집트에서 다메섹으로 이어지는 해변 길을 이용했다.

길은 고대로부터 에시온게벨에서 유프라테스 상류로 이어지는 왕의 대로도 있었다. 지난봄에 요단강을 따라 갈릴리 지방에서 유대 지역으로 버스를 타고 내려올 때 버스는 가파른 산등성이를 따라 달렸다. 내 생각에 이 길도 분명 그들이 이용하던 길이다. 급한 경사 밑에 요단강이 자리 잡고 있으니 요단강이라기보다는 요단 계곡으로 부르는 것이 더 합당하다.

이 길들을 따라 사람들은 먼 길을 오고 갔으리라.

갈릴리에서부터 그분과 함께 온 여자들이 십자가를 지고 가는 예수님과 시몬의 뒤를 따라갔다. 비아 돌로로사에서 예수님은 그분을 따라오던 그들에게 **"예루살렘의 딸들아, 나를 위해 울지 말고 너희와 너희 아이들을 위해 울라"**(눅 23:28)라고 하셨다.

예수님이 돌아가시는 순간에 십자가를 바라보던 갈릴리 여자들이 있었다. 그들은 멀리 서서 이 일들을 보았다. 예수님의 사역에서 여자들은 크게 부각이 되지 않지만 강한 존재로 그 자리를 지키고 있다.

예루살렘 여자 중에 유월절 만찬을 먹도록 큰 다락방을 내준 마가의 어머니가 있다. 나는 그녀도 그곳에 틀림없이 있었다고 생각한다. 그녀는 도시에 살던 여자다. 그녀가 가지고 있던 큰 다락방은 예수님 사역 근거지였다. 제자들은 도망하고 살벌한 사형장에 여자들이 있었다. 그것도 갈릴리에서부터 그분을 따라온 여자들이다.

어느 날 성경을 읽다가 십자가를 지고 가시는 예수님을 따라가며 슬피 우는 여자들이 크게 다가왔다. 그녀들은 갈릴리에서 온 사람도 있지만 분명 예루살렘과 베다니에서도 왔을 것 같다. 거기에는 마리아들도 있다. 성경에는 마리아가 많이 나온다. 나사렛 마리아, 막달라 마리아, 베다니 마리아, 또 다른 마리아들이다.

갈릴리 호수에서 배를 타고 호수를 둘러보면 높은 산이 뚝 끊어진 곳이 있다. 멀리서 보면 그 절벽 선이 아름답다. 그곳이 아베르 계곡이다. 막달라 지역이다. 막달라 마리아는 이곳 출신이다.

막달라는 나사렛에서부터 갈릴리 호수로 들어오는 길목이다.

지금은 그 근처에 갈릴리 호수를 오가는 유람선 선착장이 있다. 주변 마을에는 갈릴리 호수 명물인 베드로 고기를 요리해 파는 식당들이 있다. 기름에 튀겨져 나온 큼지막한 베드로 고기와 온화한 기후 때문인지 풍성했던 샐러드 채소들이 지금도 눈에 선하다. 막달라 마리아는 나사렛에서 갈릴리 호수로 오는 예수님을 만났다고 생각된다.

그녀의 몸속에서 일곱 마귀가 나갔다.

그녀는 많은 빚을 탕감받은 사람처럼 예수님을 섬겼으리라. 그녀는 분명 갈보리로 향하는 예수님을 따라가면서 울었을 것이다. 예수님의 십자가 형벌을 쳐다보며 여섯 시간이 넘게 서 있었다. 그녀는 누구보다도 깊이 예수님의 죽음에 동참하였다. 또 예수님의 장사를 위해 향품을 준비했다. 제자들보다도 더 먼저 부활한 예수님을 만났다.

예수님은 갈릴리에서 활동하셨다. 많은 여자들이 그를 믿었다.

누가복음 8장에는 막달라 마리아, 헤롯의 청지기 구사의 아내 요안나, 수산나가 나온다. 그녀들은 자신들의 재물로 예수님과 제자들을 섬겼다. 막달라 마리아는 경제적인 여유가 있는 사람 같다.

그녀가 고침을 받은 후에는 줄곧 예수님을 따라다니지 않았을까?

그들이 제자들의 의식주를 해결하지 않았을까?

적어도 장정 열세 명이다. 그 많은 필요를 누군가는 채웠을 것인데 바로 예수님을 따르던 여자들이 했다. 사실 복음을 전하는 사도들은 선명한 존재감이 있지만 이런 여자들의 존재는 눈치채기가 어렵다.

어릴 적 조그만 예배당에는 의자가 없었다.

반질반질한 마루 위에 바둑판처럼 줄을 맞춰 방석들이 놓여 있었다. 똑같은 방석들 사이에 딱 하나 다른 방석이 있었다. 희미한 녹색과 붉은색 체크무늬 무명 방석으로 예배당 중앙 앞에서 두 번째 줄에 있었다.

예배당에는 자기가 앉는 자리가 있다.

그래서 암암리에 누구누구 자리가 정해지고, 그 자리는 아무도 침범하지 않는다. 나이 지긋한 아줌마는 표가 나는 자기 방석 위에서 무릎 꿇고 기도하였다.

갈릴리에서부터 예루살렘까지 왔던 여자들처럼 그녀는 신작로를 한참 걸어온 이웃 동네 사람이다. 불이 켜진 예배당을 기웃거리던 나는 항상 같은 모습으로 앉아 있는 그녀를 보았다. 그녀는 그 방석 위에 앉아서 몸을 앞뒤로 흔들며 기도했다. 그녀는 지금 이 세상에 없을 것 같다. 다만 '그녀의 후손들은 어찌 되었을까?' 하는 궁금증이 있다. 그들은 성실한 믿음을 소유하고, 무게감 있는 사람들이 되지 않았을까?

어릴 때 보던 그녀가 바로 십자가 밑에 있던 갈릴리 여자다.

21

땅을 채우라

하나님은 사람을 남자와 여자로 창조하셨다.

하나님의 모양대로 만드셨다. 그들을 창조하시던 날에 그들에게 복을 주시고 **"다산하고 번성하여 땅을 채우라, 땅을 정복하라, 모든 생물을 지배하라"**라고 하셨다. 하나님은 그들의 이름을 아담이라 하셨다. 아담은 '사람'이라는 뜻이다. 아담은 모든 인간의 대표다. 사람들은 '아담'이라는 이름을 남자라고만 생각한다. '이브'라는 이름은 아담이 타락한 이후로 여자에게 붙여준 이름이다. 그것은 '모든 산 자의 어머니'라는 뜻이다. 첫 사람인 아담으로부터 이 세상에 죄가 들어왔다. 그러나 마지막 아담이신 예수님은 죄를 없애셨다.

유대인은 하늘나라의 법정에서 심판을 받을 때 먼저 다음의 질문에 답해야 한다고 한다.

첫째, 자신의 일을 정직하게 행했는가?

둘째, 시간을 정해놓고 규칙적으로 토라를 공부했는가?

셋째, 아이를 갖기 위해 노력했는가?

넷째, 세상이 구원되기를 갈망했는가?라는 물음이다.

유대인은 아이가 태어나면 이런 기도를 올린다.

"이 아이의 부모가 이 아이를 장차 토라에 대한 사랑이 넘쳐나고,
선행을 실천할 수 있는 성인으로 양육할 수 있도록 하옵고,
이 아이를 결혼식장으로 인도할 수 있도록 하옵소서."

우리 교회에서는 아이가 세상에 태어나서 처음으로 교회에 오면 특별한 순서가 있다. 예배 마지막에 부모와 함께 강단으로 나오면 목사님이 성도들과 함께 기도한다.

"이 아이를 건강하게 하시고, 일상의 복을 주시며,
이 아이가 자라서 자신의 죄를 인식할 나이가 되면
자신의 죄를 회개하고,
예수 그리스도를 구주로 영접하게 하옵소서."

이 기도를 들으며 나도 아이를 축복한다.

그러면서 마음이 따스해진다.

유대인들의 '아이를 갖기 위해 노력했는가?'라는 질문이 새삼스럽다. 하나님은 아담에게도, 이 세상을 물로 멸하신 뒤에 노아에게도 똑같이 말씀하신다. 다산하고 번성하여 땅을 채우라고 하신다. 사람은 물론 동물도 그렇게 하게 하라고 하신다. 그래서 그런지 모든 동물에게는 번식하고자 하는 욕망이 있다. 물로 세상이 망했기 때문에 사람들은 물에 대한 공포가 있다. 하늘에 구름이 잔뜩 끼고 끝도 없이 비가 내리면 사람들은 두려워한다.

하나님은 다시는 홍수로 이 세상을 멸하지 않겠다고 사람들에게 약속하셨다. 그리고 그 구름 사이로 약속의 증표로 무지개를 주셨

다. 무지개를 볼 때 사람들은 그 약속을 기억한다. 여름날 무지개는 그 약속을 기억하지 않더라도 얼마나 마음을 설레게 하는가!

그 무지개를 동성애자들이 자신들의 심벌로 삼는다.

그것이 참 아이러니다. 다산을 명령하셨던 하나님 말씀을 위배하는 일인데…. 동성애자들이 생명을 잉태할 수는 없다. 그것은 가계를 이어갈 수 없다.

미국 바이든 행정부의 각료 중에는 동성애자들이 있고, 동성 결혼을 한 사람들이 있다. 그것을 만방에 알려도 부끄럽지 않은 세상이다. 성경적인 의식을 갖지 않으면 세상은 그렇게 흘러가게 된다. 혹자는 트럼프가 대통령이 되면 말세가 조금 더디게 오고, 바이든이 대통령이 되면 말세가 조금 더 당겨질 것이라고 말하기도 한다.

사해 바다 옆에 있는 레오나르도 다빈치 호텔에서 저녁을 먹으러 갈 때였다. 여자아이들 다섯 명과 귀여운 여자아이를 안은 여자를 만났다. 꽉 찬 엘리베이터 안에서 아이가 얼마나 예쁜지 "쏘우, 큐웃"이라고 말했다. 그 여자는 너무나 좋아했다.

엄마들은 동서양을 막론하고 모두 똑같다.

고맙다고 말하는 엄마와 나를 겸연쩍게 바라보며 여자아이들이 웃었다. 모든 여자아이들의 엄마가 그녀였다. 유대인 식당으로 들어가는 그녀를 보며 유대인의 저력을 느꼈다. 땅을 채우라는 하나님의 명령을 그들은 지키고 있다. 그녀는 나를 일본 여자나 중국 여자쯤으로 알고 있을 것이다. 왜냐면 호텔 로비에 있는 수많은 환영 인사 중에서 한글만 없었다.

22

진영 밖

레위기는 대표적인 다섯 가지 헌물을 이야기한다.

개역 성경에는 번제, 소제, 화목제, 속죄제, 속건제로 나오고, 흠정역 성경에는 번제 헌물, 음식 헌물, 화평 헌물, 죄 헌물, 범법 헌물로 나온다.

번제는 희생물의 가죽만 제외하고 모든 것을 태워 하나님께 향기로운 제물로 드린다. 'the burnt offering'이라고 하는데 가만히 생각해 보니 한글이나 영어의 앞 글자가 똑같이 '번'으로 시작한다. 각을 뜬 제물을 온전히 태워 하나님께 드림으로 그리스도인의 온전한 드림을 예표한다.

음식 헌물은 피 없는 곡식으로 드리는 헌물로 번제 헌물이나 화평 헌물과 함께 드려진다. 아벨은 양으로 하나님께 헌물을 드리고, 가인은 땅의 열매로 주님께 헌물을 가져왔다.

하나님께 드리는 헌물은 아담이 타락한 후에 바로 드려진 것을 알 수 있다.

모세가 말하기 전부터 이미 있었다.

화평 헌물은 하나님과 인간 사이의 화평과 친교와 연합이 이루어졌음을 감사하여 드리는 헌물이다. 감사와 서원과 자원하는 마음으로 드린다.

속죄 헌물은 마땅히 행하지 말아야 할 것들에 관한 주님의 명령들 중에서 하나라도 어겨 죄를 지으면 드리는 헌물이다.

범법 헌물은 사람과 사람 사이에 지은 죄로 인해 드리는 헌물이다. 이때는 보상의 의미로 오분의 일을 더하여 준비해야 한다.

속죄 헌물은 어린 수소, 숫염소 새끼, 암염소 새끼, 어린양으로 드렸다. '새끼'나 '어린'이라는 표현으로 보아 귀중한 느낌을 받는다.

예수님이 탔던 나귀도 어린 나귀가 아니었던가!

속죄 헌물은 피를 제단에 바르고, 기름과 콩팥을 취하여 번제단에서 태운 뒤에 가죽과 모든 고기와 머리와 다리와 내장과 똥, 즉 전부를 진영 밖의 재를 버리는 곳에, 정결한 곳에 가져가서 나무 위에서 태운다.

바울은 이것에 대하여 히브리서 13장에서 이렇게 말한다.

"그 짐승들의 피는 죄로 인해 대제사장이 성소 안으로 가지고 들어가고 그것들의 몸은 진영 밖에서 불사르나니 그러므로 예수님께서도 친히 자신의 피로 백성을 거룩히 구별하시기 위해 성문 밖에서 고난을 당하셨느니라. 그러므로 우리가 그분의 치욕을 짊어지고 진영 밖에 계신 그분께 나아가자."

예수님은 예루살렘 성전에서 떨어진 진영 밖, 골고다 언덕에서 십자가에서 속죄 헌물로 자신을 드렸다. 지금은 예루살렘에서 예수님께서 십자가를 지고 걸어가신 비아 돌로로사를 지나노라면 수많은 아랍인 가게를 만난다.

거리는 옷가게, 기념품 가게, 주스 가게, 모자 가게 등등으로 즐비하다. 좁은 돌길을 걸으며 오로지 관광에만 몰두하는 사람들을 보며 그 세속화에 놀란다. 내가 갔을 때는 사순절 기간이라 사람들이 조금 왔다고 하는데도 발이 사람들에 걸릴 지경이었다. 그 길을 따라 끝까지 가면 성묘 교회가 나온다.

성묘 교회는 로마의 콘스탄티누스 황제가 그 어머니인 헬레나를 위하여 건축한 교회다. 그전에 하드리안 황제는 132년에 십자가 자리에 비너스 신전을 세웠고, 무덤 자리에 제우스 신전을 세웠다. 파괴와 복원이 반복되다가 지금의 교회는 십자군 원정 때 세워졌다고 하니 그래도 900년이 된 건물이다.

가톨릭 각 종파가 그곳을 나누어서 관리한다.

십자가에 달린 자리, 무덤 자리, 예수님을 십자가에서 내려놓았던 자리 등을 각 종파가 따로따로 관리한다. 교회 천장은 가톨릭 특유의 장식으로 현란하다. 그 정교하고 화려함에 이곳이 골고다인지 의심이 간다. 어떤 여자는 심지어 예수님을 내려놓았다는 붉은 대리석 칠성판을 만지며 울었다. 내가 보기에는 그 자리가, 그 자리가 아닌 것 같은데….

남편 친구인 목사님이 '성막'에 관한 책을 냈다.

복음서에는 예루살렘 성전에 가신 예수님이 그곳이 장사하는 사람들에게 점령된 것을 보시고 분노하셔서 그들을 채찍으로 쫓으시는 장면이 나온다.

그 목사님도 성묘 교회에 가서는 그런 기분을 느꼈다고 하였다.

"주님, 제게 힘을 주시면 이것 한 번 신나게 때려 부수고 싶습니다"라고 기도하였단다.

속죄 헌물은 진영 밖에서 모두 불태웠다. 예수님도 예루살렘 밖 골고다에서 십자가에 달리셨다. 구약의 속죄 헌물은 죄를 지을 때마다 드렸다. 그 얼마나 불완전한 제물인가. 예수님은 십자가에서 단 한 번 자신을 제물로 드리셨다. 나를 위해 자신을 바치셨다.

영원한 속죄 헌물로….

23

말이 씨 된다

민수기 14장에는 열두 명의 정탐꾼들이 가나안을 정탐한 후에 일어난 안타까운 사건이 나온다. 부정적인 열 명의 보고를 듣고 온 백성이 목소리를 높여 부르짖으며 그 밤에 울었다.

"이집트 땅에서 죽었더라면 좋았으리라!
우리가 이 광야에서 죽었더라면 좋았으리라."
"어찌하여 주께서는 우리를 이 땅으로 데려와
칼에 쓰러지게 하는가? 우리의 아내와 자녀들이 탈취물이 되리니
우리가 이집트로 돌아가는 것이 낫지 아니하랴?"
"우리가 대장 한 명을 세우고 이집트로 돌아가자."

이것에 대한 하나님의 응답은 이러하다.

"…너희 말이 내 귀에 들린대로 내가 너희에게 행하리니 너희 시체가 이 광야에 엎드러질 것이라 너희 이십세 이상으로 계수함을 받은 자 곧 나를 원망한 자의 전부가 여분네의 아들 갈렙과 눈의 아들 여호수아 외에는 내가 맹세하여 너희로 거하게 하리라 한 땅에 결단코 들어가지 못하리라"(민 14:28~30)

결국 가나안 땅에 스무 살이 넘어서 계수된 자들 중에는 여호수아와 갈렙만 들어갔다.

불평이라는 것은 어떤 사람이나 어떤 것들에 대한 기대치가 자기 생각에 못 미칠 때 나온다. 구약을 읽다 보면 이스라엘 백성들의 불평이 쏟아질 때마다 내 마음이 조마조마하다. 곧 한 대 얻어맞을 것 같은 생각이 든다. 사실 나 자신도 날마다 불평이 많다. 어디서 그런 것들이 솟아나는지 끝도 없다. 그것은 퍼 올리고 퍼 올려도 마름이 없다. 그리고 그 불평을 하면 안 된다는 것도 너무나 잘 안다. 악하게 하는 말은 그 말이 그냥 사라지는 것이 아니라 권세를 가진다. 그래서 그 말 한 자에게 강하게 역사한다. 이문열 평역의 「삼국지」에는 말 때문에 그 말대로 죽음에 이른 사람이 나온다.

손견은 용모가 비범하고 성정이 활발하였다.

용맹과 무예에 못지않게 병법에도 밝았다. 낙양에서 그가 우물에서 건져 낸 옥새를 감추고 있을 때, 원소는 그 옥새를 내놓으라고 했다. 손견은 원소에게 이렇게 말한다.

"내가 만약 그 보물을 얻었고, 또 사사로이 그것을 감추고 있다면 다른 날 제 명에 곱게 죽지 못하고 칼과 화살 아래 목숨을 잃을 것이오!"

그는 자신의 본거지로 돌아가면서 그의 가는 길을 가로막는 유표에게 다시 이렇게 맹세한다.

"만약 내가 그 물건을 가지고 있다면 칼과 화살 아래 죽을 것이오!"

손견은 여공의 계책으로 험한 산길에서 죽는다.

산 위에서 집채 같은 바위가 아래로 굴러떨어지고 화살이 비처럼 쏟아져서 죽었다. 그의 나이 서른일곱이었다. 한창 세력을 키워 큰 뜻을 막 펴보려 하던 그는 어이없이 꺾이고 말았다.

말이 씨가 되었다. 어릴 때 내가 불평하면 엄마는 나에게 조심스레 "그러면 그 말이 씨가 된다"라고 말했다. 그래서 어린 마음에도 더 이상 불평할 수 없었다. 이스라엘 백성들은 무엇을 하든 불평을 했다. 아론의 지팡이가 싹이 나고 봉오리가 나오고, 꽃이 피어 아몬드가 열린 사건 후에도 그들은 이렇게 말한다.

"보소서, 우리가 죽게 되었나이다 망하게 되었나이다 모두 망하게 되었나이다"(민 17:12)

그 말대로 그들은 다 죽었다. 그들이 광야에서 다 죽을 때까지 40년을 방황했다. 사실 이스라엘 백성이 이집트에서 나온 것은 구원을 받은 것이고, 홍해를 건넌 것은 침례를 받은 것이다. 광야에 들어온 것은 구원받은 이후의 삶이다. 홍해에서 광야를 건너뛴 것이 아니다.

가나안에 순식간에 들어간 것이 아니다. 젖과 꿀이 흐르는 곳은 광야를 거친 후에 들어가야만 했다. 광야의 삶이란 것이 어찌 좋은 일만 있으랴. 전도서에는 모든 일이 모든 사람에게 동일하게 닥친다고 하였다. 하늘에서 만나가 내려도 이집트의 고기와 오이와 수박과 부추를 생각한다. 그것은 끈질기게 삶을 유혹한다. 민감해야 한다. 내가 어디를 향해 가고 있는가를 알아야 한다. 내 삶에 있는 만나와 이집트의 고기와 오이와 수박과 부추를 구별하기를….

24

여행

선한 눈망울이 금세 촉촉해졌다.

바닷가 절벽 위에서 만난 할아버지는 처연한 표정이다. 그는 아침 산책길에 세련된 동작으로 바다를 배경으로 사진을 찍었다. 사진을 찍어달라는 부탁을 들어주고, 어디에서 오셨느냐, 왜 혼자 오셨느냐고 물어보았다.

"우리 집은 대전이고 내 나이 팔십이요.
우리 집사람은 먼저 세상을 떠났어요.
우리는 젊을 때 열심히 일하고, 여행을 다녔어요.
13개국을 돌아다녔어요. 이 절벽에서 바다를 보니까 하와이가
생각나네요. 이제는 혼자 다닙니다. 젊을 때, 부지런히 다니세요."

분홍빛이 도는 얼굴과 깨끗한 피부로 보아 건강하고 선한 사람으로 보였다. 그날 아침 서울로 오는 일정만 없었다면 좀 더 이야기했을 텐데 아쉽게도 헤어졌다. 그의 쓸쓸한 모습이 자꾸 떠올라 마음이 짠했다.

여행은 일이나 유람을 목적으로 다른 고장이나 외국에 가는 것이다. 내가 있는 곳을 훌쩍 떠나 다른 곳으로 공간 이동하는 거다. 우

리 집에서 서울 가는 길에 보면 금요일 오후부터 주일까지는 경춘 고속도로나 양평 쪽으로 가는 길이 항상 정체되어 있다.

사람들은 서울을 떠나 그렇게 나가고 또 나간다.

먹고 살기 바쁠 때는 여행이라는 것은 사치에 속한다. 하지만 이제는 그런 일차적인 문제는 거의 모두가 벗어났다. 세상에는 여전히 가난한 사람이 있어서 그런 것은 사치라 말할 수도 있지만 대세로 보아 그렇다. 가끔 기도 제목으로 '노후에 물질로 어려움을 당하지 않기'가 있다. 자식을 의존하던 세대는 지나가고 자식들도 각자 살기가 바쁜 세상이 되었다. 나이가 든 사람들의 버킷리스트에는 거의 여행이 포함되어 있다. 빈부를 막론하고 여행은 모두의 로망이다.

왜 그럴까?

그것은 여행의 단순함과, 일상의 짐들로부터 해방되는 묘미에 있지 않을까? 여행이 제일 좋을 때는 비행기 타기 전이라는 말이 있다. 여행은 가는 곳을 대강 짐작하고 간다. 사실 가서 보면 환상과 현실의 차이를 느끼고 온다. 요즘 여행의 패턴은 숙소를 정하고, 찾아갈 맛집을 정하고, 찾아갈 카페를 정하고, 멋있다는 풍경을 찾아간다. 그러고 보면 다른 사람들이 정하고 체험한 곳을 나도 체험하고 확인하는 꼴이 된다. 인터넷이 발달하고부터 그렇게 되었다. 이것이 여행인가? 생각해 보니 그것은 아니다. 하지만 모두 그것을 여행이라 한다.

나도 그렇게 몇 년 동안 다녔다.

이번에도 그렇게 다녔다. 그런데 다음에 그러지 않을 자신도 없다. 괴테가 이탈리아를 여행했던 것처럼 처음 가는 길에서 새로운 사람을 만나고, 새로운 길을 만나고, 새로운 사건을 만나고, 보고 싶었던 풍경이나 예술 작품을 만나는 것이 여행의 정석이 아닌가 싶다. 새로운 길과 새로운 사람 이야기와 예술 작품을 꼼꼼히 이야기한 그는, 여행이 무엇인지를 보여준다. 그만큼은 아니더라도 타지에서 해 뜨는 것을 보고, 석양을 보면 삶은 또다시 살아볼 만한 것이라고 생각할 것 같다.

「아프지 않기」가 우리 교회의 올해 목표(?)인데 너무나 아픈 사람들이 많다. 그것도 무겁게 아프다. 마음이 아래로 침잠하게 된다. 이러구러 지인들과 함께 멀리 훌쩍 갔다 왔다. 마음이 가볍다. 여행이 주는 선물인가 보다.

오늘은 팔당댐 근처에서 성도와 함께 장어구이를 먹었다. 내 생애 두 번째 도전이다. 생강을 많이 넣고 꼭꼭 씹어 맛있게 먹었다. 자판기 커피도 맛있게 마셨다. 아픈 사람들이 많아서, 목사님이 힘들까 싶어서 식사 한 끼 대접한단다. 팔당댐 근처는 푸르르고 조용하다. 코로나로 막혔던 세상에서 살다가 남편은 감격하여 여러 번 나에게 장어구이 먹은 이야기를 한다.

말 한마디, 식사 한 끼는 여행처럼 마음을 상쾌하게 하는 일이다.

25

고양이 밥 주는 여자

아침 6시면 우리는 운동을 하러 나간다. 아파트 현관을 나서면 남편은 산으로, 나는 강으로 간다. 같이 가자는 내 간청에도 불구하고 남편은 산으로 간다. 손목에 찬 아이워치의 운동량을 재는 동그라미가 격한 운동을 하면 잘 돌아간단다. 남편은 산을 뛰어오르듯 오른다. 동그라미 세 개를 채우기 위해 부단히 노력한다. 하루 활동량을 재는 것과 앉았다 일어났다 하는 횟수가 뭐가 그리 중요한가.

그런 것들은 뭔가 정형화된 것을 싫어하는 내 취향과는 정반대다. 요즘에 강변은 풀을 모두 깎아서 풀냄새가 그윽하고, 이발한 남자처럼 깔끔하다. 시야도 거침이 없다. 길옆에 심어놓은 색색깔 페튜니아가 앙증맞다. 강물도 고요하다. 아침인데도 가끔 물고기가 물 위로 뛰어올라 파문을 만들어낸다. 멀리 산허리에 걸쳐진 구름을 보는 것도, 물에 비친 강 건너 풍경을 보는 것도 또 하나의 즐거움이다.

날마다 고양이 밥을 주는 여자를 만나 왜 이 일을 하게 되었는지를 물었다. 그녀는 남편의 권유로 이 일을 하게 되었다는데 벌써 7년째란다. 그녀의 남편이 아파트 현관 쪽에서 어미 고양이가 마른 뼈다귀 하나를 물어다 놓고 새끼 세 마리와 함께 핥는 것을 보고는 시작해 보라고 했다고 한다. 자기가 63kg이었는데 지금은 47kg이라 하면서 고지혈증과 고혈압도 정상이 되었다고 말한다.

나에게도 이 일을 같이할 의향이 없느냐고 물었다. 마음속으로 펄쩍 뛰며 사양하였다. 믿음이 없는 사람에게 교회 다니라는 권유도 혹시 이런 것이 아닐까 하고 혼자 웃었다.

아침 산책길에는 항상 같은 시간에 부지런히 걷는, 신장이 1m 조금 넘는 아줌마를 만난다. 나 보다 더 나이가 있어 보인다. 그녀는 하루도 거르지 않고 미소를 띤 채 당당하게 걷는다. 불편한 몸으로 저 삶을 살아왔으리라 생각하니 그녀를 볼 때마다 경의를 표하게 된다.

또 한 사람, 오른쪽이 불편하여 손은 아래로 고정된 채, 절룩이며 걷는 여자도 있다. 일정한 시간에 꼭 그 자리에 있다. 내가 반환점까지 가기 전에 만나서, 나중에 그녀를 따라잡겠다고 생각하지만 오는 길에는 한참을 멀리 헐떡이며 가야 다시 그녀를 만날 수 있다.

시골길을 걸을 때, 어떤 사람과 엇갈려 걸은 경험을 떠올린다.

반대로 걷기 시작하면 금세 상대방과의 거리는 상상 초월이다. 어느새 상대방은 점으로 보이고 다시는 보이지 않는다. 끊임없이 걷는다는 것이 그렇다.

어떤 일을 계속한다는 것과 멈춘다는 것, 뒤로 물러간다는 것은 얼마나 많은 차이를 만들어내는가. 목표를 세우고 그 목표를 향하여 나아가는 것은 자신의 지적인 동의와 결심이 필요하다.

어떤 사람이 그랬다. 건강은 '환경'이 아니라 '태도'라고. 그 말이 단

박에 동의가 된다. 결심하는 것도 중요하지만 무엇을 결심하는가는 더 중요하다. 또 어느 방향으로 가는가는 더더욱 중요하다.

운동 하나만 해도 웬만한 의지 없이는 어렵다.

건강에 대한 절실함이나 간절함이 있을 때 그것은 습관이 될 수 있다. 지금보다 내가 어렸을 때는 운동이라는 개념이 별로 없었다. 육체적인 노동이 수반되어야만 밥을 먹고 살 수 있어서였는지 굳이 "운동해라"라는 말도 없었다. 운동해야 한다는 개념도 없었다. 이제는 정신적으로 노동을 하는 시대가 되었고 몸을 움직여야만 건강을 유지할 수 있다. 하물며 운동이라는 것도 이러한데 삶의 목표나 태도에 있어서는 더욱 그렇지 않을까?

잠언 22장 29절에 이런 말씀이 있다.

"자기 업무에 부지런한 사람을 네가 보느냐?

그는 왕들 앞에 설 것이요, 천한 자들 앞에 서지 아니하리라."

이 말씀을 읽으면 이 말씀을 썼던 솔로몬과 솔로몬의 신하들이 연상된다. 세상에서 최고의 지혜와 명철을 가진 솔로몬과 함께 일한다는 것은 어떤 것이었을까? 신하들은 솔로몬의 지혜의 깊이에 다가서기 위하여 부단한 노력을 하였을 것 같다. 일생 동안 자기 업무에 부지런한 사람은 그의 서는 위치가 다르다. 그것은 단지 보이는 위치만은 아니리라. 고양이 밥을 주는 여자에게서, 키가 작은 여자에게서, 오른쪽이 불편한 여자에게서 오늘도 배운다. 어떤 일을 가능하게 하는 것, 또 그 일을 끝없이 지속한다는 것이 무엇인가를….

26

속셈

역대기는 열왕기가 이스라엘과 유다 왕들의 이야기를 열거한 것에 비해서 종교적, 제사장적, 성전 중심적이다. 역대기는 에스라가 썼다고 전해진다. 에스라는 포로 시대에 태어나 하나님의 율법을 연구했던 사람으로 모세의 율법을 이스라엘 백성에게 가르치기로 결심한 사람이다. 역대기상은 아담으로부터 족보가 시작된다. 그는 단번에 창세기부터 포로 귀환 시대까지를 아우른다. 역대기상을 읽다가 어떤 특이점을 발견했다.

그는 중요한 것을 이야기하기 위하여 덜 중요한 것을 먼저 설명한다. 셈이 아닌 함, 이삭이 아닌 이스마엘, 야곱이 아닌 에서를 먼저 말한다. 그것은 중요한 숙제를 정성들여 하기 위하여 덜 중요한 숙제를 먼저 하는 것과 비슷하달까? 중요한 것을 이야기하고 싶으면 주변을 언급한 다음에 말하는 것처럼 말이다. 이번에 역대기를 읽다가 그런 느낌이 들었다. 에스라의 속이 보인다. 그가 무엇을 말하려고 그렇게 하는지 보였다.

에스라는 모든 지파를 설명한 후에 비로소 다윗을 말한다. 역대기상 10장에는 사울이 나오고, 그 다음에 다윗이 11장부터 나온다. 물론 이런 것을 서론이라 말할 수도 있다. 예전에 내게도 이런 습관이 있었다. 밥을 먹을 때 맛있는 것을 먹기 위해 먼저 맛없는 것부터 먹었다. 어떤 집에 가서 식사를 할 때는 맛없는 반찬과 국부터 먹다가 "더 줄까?"라는 말을 들었다. 그걸 먼저 해치우고 맛있는 것을 먹으려는 내 속셈이 그렇게 가끔 비꾸러졌다.

열왕기서는 왕들의 생애와 업적을 이야기하면서 이스라엘과 유다가 배도하여 하나님을 멀리함으로 아시리아와 바빌론으로 끌려가는 과정을 이야기한다. 반면에 역대기서는 하나님의 관점으로 이야기를 끌어간다.

열왕기상 15장 5절에는 **"이는 다윗이 오직 헷 족속 우리아의 일 외에는 그가 살아있는 모든 날 동안 주께서 보시기에 옳은 것을 행하고 그분께서 그에게 명령하신 어떤 일에서도 벗어나지 아니하였기 때문"**이라고 하였다.

역대기의 주인공은 단연 다윗이다.

그의 가장 큰 죄목이었던 밧세바 사건이 역대기에는 없다. 사무엘서와 열왕기서에는 기록된 것이 어찌하여 역대기에는 없을까? 그것이 관점의 차이다. 우리가 보는 관점과 하나님의 관점이 다르다.

역대기는 인간 다윗보다는 하나님을 온전히 섬겼던 위대한 다윗이 나온다. 그가 하나님의 궤를 예루살렘으로 가져오는 일부터 하고, 레위 사람들이 하나님을 섬기도록 잘 조직하는 모습이 자세하게 나온다. 노래하는 자들, 악기를 다루는 자들, 문지기들, 헌물을 관리하는 자들을 세심하게 묘사한다. 그래서 역대기는 종교적, 제사장적, 성전 중심이다. 에스라는 역대기를 쓰는 중에 모세의 율법을 가르치기를 결심한 사람으로서, 다윗의 모습을 부각시키고 싶었던 것 같다.

다윗은 평생 동안 스루야의 아들들인 요압과 그의 형제들에 대하여 어찌할 수 없는 무력감을 느꼈는데 요압과 아비새와 아사헬에 대한 감정적인 이야기도 없다. 다윗의 자녀들 사이에서 있었던 슬픈 인간사도 없다. 압살롬도 없고, 다말과 암논도 없고, 아비삭을 탐냈던 아도니야도 없다.

15장에서 주의 언약궤가 다윗의 도시로 들어올 때 사울의 딸 미갈이 창으로 내다보다가 다윗왕이 춤추며 노는 것을 보고 마음속으로 그를 업신여기는 것이 한 번 나온다. 이것은 하나님의 언약궤에 대한 다윗의 태도와 육신적인 미갈의 태도를 대비하여 오히려 영적인 다윗을 말하고자 하는 것이 아닐까? 헤브론의 다윗에게로 모여들었던 각 지파를 설명할 때도 자신을 분리하고 다윗에게 온 갓 족속, 때를 깨닫고 이스라엘이 마땅히 행할 바를 아는 잇사갈 자손, 두 마음을 품지 않은 스불론 자손을 이야기한다.

에스라는 역대기에서 영적인 흐름을 놓치지 않는다.

그가 쓰고자 하는 것은 이스라엘의 역사를 하나님의 관점에서 보는 것이다. 사람의 삶도 그렇지 않을까? 병이 있을 때는 그 병에 억눌리는 것이 아니라 그 병에서 놓여나는 자신을 보는 것이고, 바꿀 수 없는 불가항력의 일이라면 그 상황 너머에 있는 섭리를 보는 것이리라. 이렇게 할 수 있는 것은 여간한 믿음의 내공 없이는 가능하지 않은 일이다.

에스라는 왜 인간적인 부분들을 배제하였을까.

그는 다윗을 이야기하다가 마지막에는 "이스라엘 사람은 모두 귀환하라"라는 페르시아 왕 고레스의 명령을 기록한다. 포로들과 함께 귀환한 그는 백성을 독려하여 스룹바벨 성전을 다시 건축하였다.

그는 다윗이 성전 건축을 열망하였던 것처럼 성전 건축에 대단한 결기를 가졌음이 틀림없다. 다윗의 일을 하나님의 관점에서 기록한 에스라에게서 하나님의 일을 향한 열망을 본다. 아론의 16대손이 어떤 태도로 살았는지 유추하여 생각해 볼 수 있는 역대기다.

그대,
당신의 기쁨과 슬픔을
그분이 아십니다

제3장

시간 여행

27

이 봄날에

새벽에 머리 뒤통수를 딱 때리는 두통이 왔다.

'아, 요즘 피곤했나 보다'하고 내가 경험했던 몸살에 맞서기로 했다. 그런대로 참을 만했는데 오후부터는 열이 났다. '이 정도쯤이야 너끈하게 이길 수 있다'라고 생각했는데 열은 38도를 넘어서 떨어지지를 않았다. 아이들은 코로나 자가 검사 키트를 해보라고 난리다. 말이 안 되는 소리라고 코웃음을 치며 어서 열이 내리고, 내 몸이 정상으로 되기를 바랐다. 밤중에도 열은 38도를 넘었다. 새벽 3시가 넘어서 해열제를 먹으니 금세 열이 내리고, 이제 몸살이 끝났다고 생각했다.

남편은 내 검사 키트를 보더니 두 줄이 나왔다고 한다.

나를 놀리는 것이 습관이 된 남편이 거짓말을 한다고 짐작했는데 검사 키트에 나온 두 줄이 선명하다. 가슴이 철렁하다. 그럴 리가 없다. 내가 이 유명한 역병에 걸렸다고? 안될 일이 일어난 것처럼 가슴에 찬바람이 휘잉 불었다. 어이없이 당하다니….

남편은 나를 이비인후과에 데려가고, 의사는 해열제 하나에 열이 내려간 나에게 건강하다고 했다. 한 움큼의 약을 받아 나왔다. 왠지 나에게 친절한 남편이 자기는 안 걸렸다고 잰 체하는 것처럼 보였다. 전염 안 되게 조심했는데 이틀 후의 남편은 이틀 동안이나 고열이 나서 나보다 더 심했다. 밤새 미지근한 수건을 이마에 대고, 얼음을 갈아대느라 고된 줄도 몰랐다.

그날 이후로 세상은 다르게 돌아갔다.

김치가 쓰디썼다.

고춧가루가 들어간 음식은 왠지 역한 냄새가 났다. 아침에 일어나면 입안 가득히 쓴 물이 고였다. 어떤 목사님이 입맛이 없어서 영양제 주사를 맞고, 누룽지로 연명했다는 말을 듣고는 설마 그랬을까 싶었는데 혹독했다. 음식은 아무 맛이 없다. 무엇을 먹는다는 것이 의무가 되어버렸다. 양치를 하면 특이한 냄새가 났다. 오랫동안 고생했다는 사람들 말을 떠올리며 "나는 절대로 그렇게 되지 말아야지"라고 다짐했다. 아침마다 일어나서는 내 입안의 쓴맛이 얼마나 느껴지는지 측정했다.

사과 맛이 느껴지는지, 딸기 맛이 느껴지는지, 밥맛이 느껴지는지 혀를 굴려보았다. 무미다. 맛이 없다는 것은 이런 것이다. 아무것도 느끼지 못하는 것이 맛이 없는 것이다. 그동안 내가 느꼈던 '맛없음'은 호사였다. 나 자신에게 법석을 떨면서 나를 받아들이지 못했다. 지인이 보내준 생강 청과 마누카꿀을 섞어 부지런히 마셨다.

생강을 좋아하는 나에게 그것은 참으로 다행이었다.

생강 향을 느끼며 겨우 감사를 배웠다. 누구나 걸릴 수 있는 것을 내가 걸렸다고 호들갑을 떨었다. 걸리기 전에는 "나는 절대로 안 걸릴 거야"라고 나에게 말했다. 예배당 빈자리들을 보며 역병의 위력을 느꼈다.

다윗 시대에 역병은 온 나라를 휩쓸었고, 칠만 명이나 죽었다.

그 백성의 죽음 앞에 다윗은 나와 내 아버지 집을 치라고 하나님께 간구했다. 내가 걸려보니 아픈 사람들이 내 마음에 들어왔다. 한낱 숫자로만 보이던 확진자가 아프게 느껴졌다. 그것의 경중은 중요하지 않다. 누구나 느낄 억울한(?) 마음이 다가왔다. 역병아, 나는 네 이름을 끝까지 부르지 않겠다. 친해지고 싶지 않다.

교회 앞 카페가 며칠째 문을 닫았다.

가까이 가서 쪽지를 읽어보았다.

'저도 피하지 못했습니다'라고 적혀 있다.

익살스러웠다. 갓난아이도 있는데 얼마나 고생스러울까! 잘생긴 주인이 며칠 후에 나오면 커피 한 잔 사서 마셔야겠다. 한강 변에 노란 개나리가 눈이 아프게 현란하다. 버드나무는 아황색 가지가 늘어졌다. 산에는 진달래가 얼굴을 내밀었다. 이제는 아픈 3월을 뒤로 하고, 내 곁에 온 봄을 따라가련다.

28

시간 여행

하고 싶은 일 중에 어릴 적에 살던 동네에 가 보는 것이 있다.

거리로 따지면 어렵지도 않은 일을 왜 이렇게 오래 미루다가 왔을까?

내가 살던 초가 흙벽 집은 네모반듯한 신식 집으로 바뀌어 있다. 30여 가구가 있는 동네는 한낮의 적막에 싸여 있다. 그 동네를 도는 동안 아무도 만나지 못했다. 어릴 적에는 과일나무가 있던 집이 흔치 않았는데 집집마다 여러 가지 과일나무가 탐스럽게 심겨 있다. 정원을 예쁘게 가꾸어 놓은 집도 있다. 그 집은 옛날에 탱자나무가 있던 집이다. 굵고 날카로운 탱자 가시가 빽빽하게 울타리를 이루고, 그 가시를 아무도 감히 만지지 못했다. '내 집이면 좋겠다'라고 생각할 만큼 예쁘게 꾸며 놓았다. 그 집에 나이 많은 오빠와 어린 여동생이 살았던 기억이 난다.

강으로 갈 때 올라가는 수문을 애써서 올랐다.

그래서 항상 꿈속에서도 그 수문을 올라갈 때면 낑낑댔다. 친구들과 고기를 잡다가 밀물에 갇혀서 죽을 뻔한 나는 강물이 서서 달려오는 꿈을 꾸었다. 우리를 구해준 뱃사람은 우리 아버지처럼 우리를 혼냈다. 그날 나는 밤중까지, 할머니에게 혼이 날까 봐 집에 들어가지도 못하고 동네 골목길을 뱅뱅 돌았다. 우리가 살던 동네는 밀물과 썰물이 있는, 바다와 연한 강가 옆이다. 이제는 그런 꿈을 다시는 꿀 것 같지 않다. 강은 넓디넓은 육지로 변해 잡초로 뒤덮여 있다. 새만금 사업이 그렇게 만들어 놓았다. 내 어릴 적의 갯벌과 조개와 게들은 모두 사라져 버렸다. 변하지 않는다는 산천은 그렇게 쉽게도 21세기로 돌아와 있다.

내 뒤통수는 조금 나와 있다.

엄마는 내가 너무 많이 울어서 그렇게 되었다고 했다. 어린 것이 무에 그리도 불만이 많았을까? 기억난다. 그렇게 울던 나를 아버지는 정말로 물이 출렁거리는 넓은 냇물에 던져버렸다. 허우적거리던 나는 사람들이 나를 구경하던 것을 지금도 기억한다. 그리고 그다음은 모른다. 내가 살아있는 것을 보면 나를 누가 구해주었는지 궁금하다. 여름밤에는 그 냇가에서 민물새우를 잡았던 기억도 있다. 갈대가 우거졌던 그 넓은 냇물 양쪽이 시멘트로 발라져 조그만 개울이 되어 있다. 그렇게 넓었는데 이렇게 좁은 개울이 되어 있다니….

길었던 골목길이 너무나 짧다.

교회는 큰길 옆으로 이사해서 네모나게 신식으로 지어져 있다. 옛날을 찾아서 간 나는 그 교회가 궁금치도 않다. 전라도 지방은 '기독교 장로회'가 많다. 그래서 세상에는 장로교회만 있는 줄 알았다. 그 옛날 교회터는 이렇게 좁았나 싶다. 밥만 먹으면 이곳으로 달려와 오른손으로 풍금을 쳐보았다. 교회 창문 밑에서 소꿉장난을 했다. 이곳에 교회를 세운 누군가가 참 고맙다. 저녁나절에 엄마가 밥 먹으라고 부르는 소리를 듣고서야 집으로 돌아갔다. 그 골목길에 있던 측백나무도, 탱자나무도 없다. 흙길은 시멘트 길이 되었다.

짜보 선창에 갔다.

소설 「아리랑」은 째보 선창이 초반 주 무대가 된다. 일본 사람들이 김제 만경 평야의 쌀을 실어 가기 위해 만든 부교가 아직도 세 개나 남아 있다. 쌀농사를 주로 짓던 우리 동네 사람들은 '일본 사람'이라는 말 대신에 항상 '일본 놈들'이라고 내뱉었다. 그렇게 말하던 우리 아버지 목소리가 아직도 생생하다.

갯벌 위에는 내팽개쳐진 폐선이 즐비하다. 뜨거운 여름 햇살 아래 선창은 인적이 없다. 이곳도 30년 전까지는 흥왕했단다. 장항에 사는 친구는 배를 타고 금강 하구를 건너 날마다 학교에 왔다. 토사가 쌓여 항구가 얕아져서 외항을 지었지만, 또다시 신항을 짓고 있다. 소설 속에서 '수국'은 어여쁜 여자로 나온다. 그녀는 시대에 짓밟힌 한 여인이다. 수국이 여기를 부지런히 다녔을 거라 상상하니 한적한 길들이 쓸쓸하다.

맘씨 좋은 우리 오빠는 나를 차에 태우고 부지런히 길을 오가고, 부지런히 사람을 만나게 했다. 카페에서 우리 뒷집 살던 친구를 만났다. 소설처럼 50년쯤 지나서 우리는 만났다. 자랑할 것도 부끄러워할 것도 없는 인생을 우리는 살았다. 자식 이야기를 잠깐하고는 세월을 불러내기라도 할 듯이 서로를 쳐다보았다. 친구는 나를 보더니 대뜸 내가 다친 이야기를 했다. 밤중에 친구들과 옷을 바꿔 입고 숨바꼭질을 했다. 그때는 지나간 겨울에 썼던 김칫독에 물을 가득 채우고 냇가에 세워놓았다. 물을 가득 채워놓은 그 항아리에 무릎을 세게 부딪히고는 기절했다.

깊은 상처가 남았다. 몇 날 며칠 학교도 못 가고 집에 있어야 했다. 할머니는 솜에 석유를 묻혀서 태우고는 내 깊은 상처에 넣었다. 그것이 살이 되어서 지금도 햇빛 속에서 보면 까만 솜 사이로 실핏줄이 보인다. 나를 부르던 엄마 말을 듣지 않은 죄로 평생 병원에 갈 때마다 그것을 밴드로 감추어야 했다. 그때는 내 책이 없었다. 「장발장」이 아닌 오빠가 보던 「레미제라블」을 보던 기억이 있다.

각 사람은 각 사람의 삶의 길이와 역사가 있다. 풍성할 수도, 빈약할 수도 있고, 길다면 길고 짧다면 짧은….

시간 여행에는 풍경도 있고, 사람도 있다. 한 인간은 얼마나 애달프고 얼마나 고귀한가. 친구를 보며 한 사람의 삶은 귀하다고 생각했다. 친구는 커튼 가게를 하다가 수요가 없어서 옷 수선을 하고 있단다. 착하다. 가슴 시릴 정도로. 그 친구는 딸기 스무디, 나는 아이스 아메리카노. 친구야, 고맙다. 나를 그리워했다니….

29

청계산 소나무

나무 의사 우종영 씨가 쓴 책을 보았다.

잔잔하게 쓴 많은 나무 이야기들이 가슴을 따뜻하게 해주는 책이다. 그중에 청계산에 있는 소나무 이야기가 있다. 우듬지를 따라 변형된 소나무다. 우듬지란 나무줄기의 맨 꼭대기 부분으로, 어느 방향으로 뻗어나갈지를 결정하는 것이다. 소나무가 유년기를 지나 성목으로 자라던 어느 봄에 계곡 위쪽에 있던 굴참나무가 소나무를 위협했다.

소나무는 우듬지를 계곡 쪽으로 틀어서 ㄱ자 꼴이 되었다.

몇 해가 지난 후, 계곡 반대편에 있던 산벚나무가 소나무를 향해 자라자 소나무는 계곡 아래쪽으로 방향을 틀었다. 이번에는 계곡 아래쪽에 있는 산딸나무가 자라기 시작하였다. 햇빛 받을 재간이 없어지던 그때 사람들이 정자를 짓는다고 굴참나무를 베어버려서 소나무는 살아남았다. 소나무의 우듬지는 결국 제자리로 돌아왔다. 우듬지의 끝은 햇빛의 상태에 따라 미련 없이 방향을 바꾼다. 소나무는 다만 순간에 집중할 뿐이다.

책을 읽어도 상상만 하고 그 장소나 사람을 찾아가는 일은 없었는데, 남편은 굳이 그 소나무를 보고 싶어 했다. 따스한 날씨에 아직 하얗게 얼어붙어 있는 계곡을 바라보며 산에 올랐다. 책에 나와 있는 코스대로 찾아 올라가자 초입에 정자 하나가 나왔다. 기와가 얹힌 정자일 거라고 지레짐작했다. 비닐하우스 옆에 초라하게 있는 저것은 그 정자가 아니라고 믿고 더 위쪽으로 올라갔다. 돌계단을 오르고 나무 계단을 오르고, 질척한 길을 올라 숨을 헉헉거리며 갔는데도 정자가 나오지 않았다. 산을 내려오는 등산객들에게 정자가 어디 있냐고 묻자 아직도 40분은 더 올라가야 한다고 했다. 분명히 초입이라고 한 말을 생각해 보니 아까 그 정자가 그 정자인 것이 분명했다.

다시 내려와 그 정자 앞에 섰다.

어느 나무인지 찾아보았다. 내가 생각한 소나무는 키가 작고 굵기가 굵은 통통한 나무였다. 거기다가 멋있게 ㄱ자 모양을 한 소나무였다. 아무리 찾아도 그런 나무는 없었다. 그렇지 않아도 사람들이 지나치기 쉽다고 하더니 조금 더 숲에 발을 들여놓아서야 그 소나무를 찾았다. 그것은 가느다란 나무줄기를 길게 뻗치고 크게 휘어지다 다시 곧게 올라간 비리비리한 소나무였다.

저자의 말대로 피리 장단에 고개를 든 코브라처럼 휘어 있었다. 실망했다. 책에서는 절대로 멋있다 말하지 않았는데도 나는 미리 멋있을 거라고 생각했다. 그것은 아무도 돌아보지 아니할 나무였다. 그저 많은 나무들 중에 서 있는 못생긴 나무일 뿐이었다. 나무 의사가 사랑을 가지고 몇 년을 걸쳐 보아왔기 때문에, 아름다운 필치로 그렸기 때문에 나에게까지 모습을 보였을 뿐이다.

이사야는 이사야서 53장에서 오실 메시아를 예언했다.

그를 비유하기를 **"그는 그분 앞에서 연한 초목같이, 마른 땅에서 나온 뿌리같이 자라리니 그에게는 모양도 없고 우아함도 없으며 우리가 그를 볼 때에 그를 흠모할 만한 아름다움이 없도다"**라고 하였다. 예수님이 이 세상에 계실 때에도 사람들이 그에 대하여 기대할 수 없었고, 그 존귀함을 인정하지도 않았다. 내가 예수님과 동시대에 살았더라면 믿음의 여인들처럼 그분을 믿고 따랐을까? **"보지 않고도 믿는 자들이 복이 있도다"**(요 20:29)라고 하신 예수님의 말씀이 감사하다.

계곡은 하얗게 물줄기가 얼어 가슴을 설레게 했다.

산길은 얼음이 녹아서 간간이 진흙 길이다. 진흙 길을 밟으면 생각나는 장면이 있다. 어릴 때 내가 살던 동네는 십 리를 가야 기차역이었다. 학교 가는 길에는 끝도 없는 진흙 길이 있었다. 신발을 더럽히지 않으려면 소달구지가 지나간 길을 밟거나 다른 사람이 밟았던 발자국에 내 발을 껑충껑충 옮겨놓아야 했다. 그날도 혼자 길을 걷다가 이웃 동네 아저씨를 만났다. 그는 나에게 진지하게 말했다.

"애야, 너 나중에 국회의원한테 시집가서 이 길을 좋게 만들어라."

국회의원은 최고의 벼슬이었다.

나는 그때 내가 그렇게 될 것 같기도 했다. 고단한 발을 옮기며 그렇게 하고 싶었다. 그 아저씨가 나에게 "네가 국회의원이 되어서"라고 말했다면 나는 목사에게 시집을 안 가고 국회의원이 될 뻔했다. 누군가에게 하는 한 마디 기대의 말이나, 격려의 말 하나는 그 사람의 인생을 바꿀 수도 있다.

저자는 나무와 꽃에 대하여 말하면서 인생을 이야기한다.

어떻게 그렇게 기가 막힌 대비를 하는지 마음이 뭉클해지기도 한다. 한 사람이 그의 인생을, 그에게 주어진 달란트를 계발하며 진심을 다해 산다면, 그의 존재는 화사한 햇빛처럼 다른 사람을 따뜻하게 할 수 있다. 또 그것을 보는 다른 이에게 희망이 솟게 할 수 있다. 그 길은 어떤 분야이든 전문가의 길을 가는 것이다. 그 전문가의 길이 농익으면 그 자체로 맛있는 과일이 된다.

나무 의사의 글을 읽으며 그렇게 느꼈다.

그는 볼품없는 소나무 하나에, 백리향에, 전나무에, 흔하디흔한 나무 하나하나에 인생을 담고, 감동을 담고, 사랑을 담아 속삭인다.

30

부러움

미국 웨스트버지니아에 사는 친구는 북적북적하게 설을 지내고 있을 내가 부럽다고 카톡을 보내왔다.

'한국에서 제일 부러운 사람'이 바로 나라고 한다.

외국에서 살다 보니 그럴 수도 있겠지만 진심으로 나를 부러워하는 그 부러움이 진정 그렇게 느껴진다. 나만 보면 "사모님이 제일로 시집 잘 갔어요"라고 하는 지인도 있다. 나를 이렇게 부러워하는 사람이 있다니 나는 놀랄 뿐이다. 내가 정말로 부러워하는 사람이 있는지 생각해 보았다. 언뜻 생각이 나지 않는다. 흠모하는 사람은 있다. 부러움이라는 것이 한낱 지나가는 마음이라는 것을 내가 알고 있는가 보다.

죽을 것 같은 고통은 누구에게나 삶의 길에서 다가온다.

그것이 나에게서 잠깐 비껴 서 있을 때는 나는 부러움의 대상이 되고, 그 한가운데에 있을 때는 타인에게 나는 평범한 사람이 된다. 사람의 마음은 그렇게 자기 위주로 모든 것을 계산한다.

밤중에 이제 아이 아빠가 된 형제에게서 전화가 왔다. 아내가 갑자기 쓰러져서 병원 응급실에 있단다. 추운 날, 남편은 병원으로 가고 나는 밤을 꼬박 새웠다. 호전되지 않는 상황에 밥맛도 잃어버리고, 잠도 나에게서 멀리 떠나버렸다.

겨우 며칠이 지나 몸살을 앓는 중에 하나님께서 상황을 좋게 만드시리라는 마음이 들었다. 그럴 줄 믿으니 다시 생활은 일상으로 돌아왔다. 나의 의식 속에 그 가정이 항상 있어서 정신을 차리고 보면 내가 그들을 위하여 기도하고 있는 것을 발견하였다. 한강을 바라보며 기도하고 있다. 햇빛을 바라보며 기도하고 있다. 설거지하며 기도하고 있다.

나도 내 지나간 고통 가운데에, 그 상황 속에 하나님이 계셨는지 의심하였다. 믿고 싶지 않았다. 하나님이 그 상황도 아신다는 것이. **"너희가 감당할 수 있는 것 이상으로 시험당하는 것을 너희에게 허락하지 아니하신다"**라는 말씀이 고린도전서 10장에 나온다.

이 말씀의 진수를 이해한다는 것은 결코 쉬운 일이 아니다.

고통이 지나가고 그것을 뒤돌아보는 입장에 있을 때 조금 이해가 될 뿐이다. 그분이 나를 단련하신 뒤에 내가 정금같이 나온다 할지라도 그것보다는 평탄한 삶을 살고 싶다.

이제 조금씩 회복을 향하여 가는 자매를 향하여 내 마음을 전하고 싶다. 짧게 카톡을 보낸다. 오늘은 이렇게 보냈다.

"오늘은 아주 따뜻한 날이네.
시장에 채소가 아주 많이 나왔네요.
달래, 콜라비, 딸기, 토마토, 오이, 봄동, 시금치….
자매, 얼른 일어나서 요리 솜씨 뽐내봐요."

친구에게는 이렇게 보냈다.

"사람마다 고통은 다른 모양으로 오지.
그럴 때는 죽을 것만 같아.
자기의 고통은 자기만 알지.
'평범'이 가장 행복한 거라고 우리 딸들과 말하고 있어.
자기 기도는 강력하니까 우리 아픈 자매를 위하여 기도해 주라."

위대한 기도는 '주기도문'이다.

"…하늘에 계신 우리 아버지여
이름이 거룩히 여김을 받으시오며
나라이 임하옵시며 뜻이 하늘에서 이룬 것 같이
땅에서도 이루어지이다
오늘날 우리에게 일용할 양식을 주옵시고
우리가 우리에게 죄 지은 자를 사하여 준것 같이
우리 죄를 사하여 주옵시고
우리를 시험에 들게 하지 마옵시고
다만 악에서 구하옵소서
나라와 권세와 영광이 아버지께 영원히 있사옵나이다 아멘"(마 6:9~13)

예수님이 가르치신 기도 속에는 우리의 갈망이 있다. 하나님이 우리를 얼마나 세세하게 아시고, 얼마나 애틋해 하시는가!

31

봄

갑자기 봄이 내 등 뒤로 왔다. 따스한 햇살이 내리쬐었다.

세상이 넓게 펼쳐 보인다.

내 어깨도 쫘악 펴진다. 파릇한 풀들이 얼굴을 내밀었다. 이렇게 또 눈치채지 못하게 얼른 봄이 자리를 잡았다. 일본 작가 나쓰메 소세키는 이렇게 말했다.

"봄에는 졸음이 몰려온다. 고양이는 쥐 잡는 것을 잊고
인간은 돈 빌린 것이 있다는 것을 잊는다."

이 글을 발견하고는 기막힌 표현에 아연했다.

모든 것이 무장 해제된 느낌이다. 특히 '인간은 돈 빌린 것이 있다는 것을 잊는다'라는 표현이 마음에 쏙 든다.

삼월 초순엔 푸른빛이 없는 회갈색이 주변에 가득하다.

아파트 정문을 나서면서 몸으로 스며드는 봄을 느낀다. 이곳에 온지 벌써 15년이 된다. 꼭 어제 이곳으로 온 것 같다. 서울로 오가며 어제와 똑같은 한강 물을 오늘도 보았다. 십 년이 넘도록 몇 가지의 기억 밖에는 없는데 그 사이에 세월이 잽싸게 지나갔다.

이사야는 오래 사는 사람을 표현하기를 '나무의 날 수'와 같다고

했다. 만물은 그대로인데 사람만이 그 나무들 사이에서 살다가 나무보다 먼저 자리를 뜬다. 내년도 똑같은 느낌이리라. 왠지 서러울 것만 같다.

성경에는 여름과 겨울이란 말은 있는데 봄이라는 말은 없다.

아마도 이스라엘은 우리나라와 달리 사계절이 명확하지 않아서인가 보다. 에덴동산은 겨울이 없다. 노아 홍수 이후에 하나님께서는 **"뿌리는 때와 거두는 때와 추위와 더위와 여름과 겨울과 낮과 밤이 그치지 아니하리라"**(창 8:22)라고 하셨다.

사무엘하에는 다윗의 용사 중 하나인 브나야가 눈 올 때 구덩이 한가운데서 사자 한 마리를 죽였다는 말이 나온다. 가끔 이스라엘에는 눈도 있었던 듯하다. 나는 추위도 못 이기면서 겨울이 좋다. 겨울 눈이 내리면 더욱 좋다. 행복한 느낌은 아마도 이런 것일 게다. 천국에는 눈이 없을 것 같아서 아쉬워하며 혼자 웃는다.

강원도에는 춘설이 내릴 거라 한다. 남편은 설악산 권금성에 한 번 올라가잔다. 몇 년 전에 눈이 쌓인 권금성에 갔었다. 산 아래에는 눈이 없는데 그곳에만 눈이 쌓여 있었다.

'만끽'이라는 단어는 그런 데에 쓴다.

여행을 가면 집으로 돌아오고 싶지 않은 기분이 들 때가 있다. 권금성 소나무, 소복이 눈이 쌓인 나무 밑에서 눈이 없는 평지에 내려오고 싶지 않았다. 내려올 수 있고, 내려올 곳이 있기에 그렇게 생각하는 것이 아닐까? 여행지에서 돌아올 집이 있기에 오고 싶지 않은 것처럼….

병상의 자매와 영상 통화를 했다.

환자복이 연두색이다.

오늘 한강 변에서 본 풀색을 닮았다. 소생하고 있다. 피어나고 있다. 이제는 그 풀처럼 멈추지 않고 온몸으로 생기를 뿜어 내기를 바란다. 억누를 수 없는 기운이 넘쳤으면 좋겠다.

겨울은 잠시 회색으로 눌려있지만 봄에 밀려 초록으로 변한다. 회색 속에 숨은 초록을 볼 수만 있다면 희망은 내 안에 용수철이 된다. spring은 튀어 오르는 용수철이고, 솟아나는 샘이다. 봄, 봄이다.

32

눈 구경

혹시나 하는 마음으로 속초로 갔다. 여기서는 눈을 구경할 수 없지만 속초에 가면 일주일 전에 내린 눈이 쌓여 있을 것 같아서였다. 몇 해 전에 1미터가 넘는 눈이 강릉을 습격했을 때 강릉에 갔다. 남편과 함께 도시락을 싸서 기차를 타고 태백을 지나 강원도에 갔다. 태백을 지나니 이곳에서는 없던 눈이 터널을 지나자마자 흩날렸다. 마치 가와바타 야스나리가 쓴 「설국」의 한 장면 같아서 가슴이 두근거렸다. 강릉역 앞에서 면발이 가는 막국수를 먹고, 뜨거운 메밀 육수를 마셨다. 내 키 높이만큼 눈이 쌓인 골목길을 걷다가 마음이 너그러워져서 돌아왔다.

이번에는 속초다. 양양 톨게이트를 지나면서 높은 산에 눈이 쌓인 것을 보았다. 속초로 올라가는 길에도 길옆에 눈이 무릎 높이만큼이나 쌓였다. 햇빛은 쨍쨍하다. 이렇게 눈이 많은 것을 보면 엄마 말대로 '물색 없이' 좋다. 어린 시절 시골집에 있었던 커다랗고 새까만 가마솥과 엄마가 생각난다. 눈은 그 풍성함과 함께 먹을 것이 있었던 부엌을 연상시킨다. 기온은 섭씨 10도 가까이 되었다. 도시는 참 조용하다. 속초는 유적이 깊은 도시는 아니다. 강릉 같은 품격은 없지만 바다와 설악산이 있어 여름에는 흥청거리게 만든다.

가는 길에 송지호 해수욕장 근처에 있는 '핫하다'는 막국수 집에 들렀다. 막내딸이 꼭 가야 한다는 집이다. 내가 앉은 곳은 천장에 머리가 닿고 시렁에 물건들을 놓아둔 방이다. 유명한 막국수 집이 이런 시골 마을에 있다는 것도 의아하고, 월요일 아침에 웨이팅이 30분이나 된다는 것도 신기하다. 열무김치와 백김치가 나오고, 꼬들꼬들한 빨간 양념 무와 연한 색깔 보쌈이 작은 접시에 담겨 나왔다. 그 맛이 비범하고 탁월하다. 막국수는 면발이 아주 가늘어서 흡족하다. 동치미 국물에 양념장, 설탕, 식초, 겨자를 넣고 비볐다. 내 오감이 살아난다. 맛있다. 다음에 이 집에 또 오리라.

바다가 보이는 숙소가 마음에 든다.

바닷가 모래밭에는 젊은이들이 이름을 크게 적어놓고 하트를 그려 놓았다. 이제는 그런 것들을 귀엽게 보아주는 나이가 됐다. "어휴, 그래. 잘 살아라" 하곤 뒤돌아섰다. 우리 집에서 이곳까지는 두 시간 거리다. 서울에서 커피 한 잔 마시는 시간이다. 뭔가 우리에게 버거운 시간이 지나면 남편은 여행을 떠나고 싶어 한다. 다행히 이렇게 가까운 곳에 바다가 있고 산이 있으니 좋다. 이제는 속초에 오면 우리의 동선도 바뀐다. 속초 중앙시장과 닭 강정집, 호떡집을 지나 대포항을 찾았는데 이젠 그곳으로는 들어가지 않는다. 숙소와 카페와 밥집 외에는 갈 데가 없다. 차가운 공기를 느끼며 이 도시에 있다는 사실을 즐긴다. 지인이 속초에 산다면 참 좋을 텐데….

겨울의 끝자락이라 그런지 해수욕장 주변은 불이 꺼진 집이 많다. 속초에 오면 회를 먹어야 하지만 딱 세 점이면 끝나는 나 때문에 매운탕을 주문했다. 우럭과 참망치 매운탕이다. 참망치는 식감이 쫀뜩쫀득하다. 처음 먹어본 생선이다. 주인 여자는 몇 번이나 생선 이름을 물어보는 내게 친절하다. 참망치와 돌망치가 있는데 돌망치는 못 먹는다고 한다. 참망치는 우럭과 함께 끓여야 깊은 맛과 담백한 맛이 우러난단다. 한가한 식당을 찾은 우리가 고마워선지 자꾸만 동해바다 이야기를 한다. 강원도는 추워서 5월까지 패딩 잠바를 입어야 한다며 한가하게 웃는다.

돌아오는 길에는 감자옹심이다.

동글동글한 옹심이가 투명하다. 반찬은 잘 익은 백김치다. 동해안에 오면 감자옹심이와 막국수가 제격이다. 감자옹심이 집 마당에는 눈이 쌓여 있는데 한쪽에는 매화가 피어 있다. 사람도 없다. 설악산은 눈이 쌓여 설백이다. 눈을 가늘게 뜨고 설악산을 내 속으로 집어넣는다. 저런 설경을 어디에서 보랴. 속초만이 가지고 있는 보물이다. 사람이 보고 싶은 것처럼 가끔 이 도시를 이렇게 갑자기 보고 싶다. 사람을 만나지 않아서인지 먹은 것밖에는 기억이 나지 않는다. 아, 눈 구경했다. 아무에게도 말하지 않고 속초에 왔는데 내가 나에게 쏘삭거려서 또 이렇게 말하고 만다. 좋은 것은 툭 치면 나오니까….

33

꽃

월요일 아침에 지인을 만나러 중부고속도로를 달렸다.

산에는 손을 포개 구부린 것처럼 동글동글하게 나무마다 색이 찬란하다. 하양 분홍 산벚꽃과 갖가지 초록이 자리를 지키고 있다. 이맘때, 이런 모습을 보면 가슴 깊은 곳에서 희망과 설렘이 스멀스멀 올라온다. 내 앞의 삶도 저 식물들처럼 생기로 터져버릴 것 같다. 바람이 휘익 불었다. 산벚꽃 한 움큼이 함박눈처럼 앞 유리창에 다가온다. 횡재다. 꽃눈이 내려와 기쁨을 주고 간다.

성경에는 '꽃'이란 말이 없다고 생각하였다.

거기에는 어떤 꽃이나 아름다운 정경에 대한 묘사가 없다. 아마도 궁전이나 왕국의 화려함을 말한 부분이 없어서 이리라. 에덴동산에서도 꽃이 나오지 않고 열매만 나온다. 성경 사전을 찾아보니 수십 개의 꽃이란 단어가 나온다. 아론의 지팡이도 꽃이 피고 열매를 맺었다. 성막과 성전을 이야기할 때는 정교하게 새기는 등잔대의 꽃받침이 아주 많이 나온다. '불꽃'이란 말도 있다. 불도 꽃이 있다.

사무엘상 2장에는 하나님의 사람이 엘리 제사장의 집안이 망할 것을 예언하는 중에 그 집안의 출산하는 모든 자가 '꽃다운 나이에 죽으리라'라고 하는 부분이 나온다. 꽃다운 나이 'thine house shall die in the flower of their age'라는 말이 성경에 나와서 의아했다. 꽃다운 나이는 십 대에서 이십 대가 아닐까? 이 나이에 죽는다는 것은 그 집안의 대가 끊기는 일이다. 사람도 꽃다운 나이가 가장 예쁘고, 가장 찬란하다.

꽃이 지고 난 후의 열매는 '찬란하다'라는 말 대신에 '풍성하다'라고 해야 할 것 같다. '꽃다운 나이'는 지극히 동양적인 표현이다. 사람들의 기본적인 생각은 동양이나 서양이나 뿌리가 같은가 보다. 지역에 따라 약간의 문화적인 차이가 있을 뿐이지 어찌 근원적인 것이 다르겠는가? 생각해 보니 이스라엘은 서양이 아니라 동양이다.

지인의 마당에는 조팝이 흐드러지게 피었다.

영산홍도 봉오리가 맺혔다. 꽃잔디도 어지럽다. 개나리도 있다. 애기사과도 피어나고 있다. 비할 수 없이 현란한 박태기나무꽃도 활짝 피었다. 이층집은 비스듬한 동산에 있다. 이렇게 비스듬한 언덕에 있는 집은 나의 어릴 적 로망이었다. 대문 옆에는 마늘이 파랗게 싱싱하다. 거목에 핀 벚꽃이 통째로 하얗게 청청하다. 지난봄에 이스라엘에 갔을 때, 그곳은 이렇게 나무 전체가 벚꽃처럼 몽환적으로 피는 꽃은 없었다. 마치 열대 지방처럼 원색의 꽃들이 있었다. 동양화의 수묵화처럼 번지는 듯한 꿈결 같은 꽃은 없다. 사람들은 자기들이 생활했던 그곳만의 꽃이 세상의 모든 꽃이라 여길 것이다. 올해 피는 꽃들은 꽃피우는 시기도 잃은 채 다투어서 세상에 나온다.

우리는 거실에서 이야기꽃을 피운다.

내가 정말로 몰랐던 세상 이야기, 교회 이야기를 듣는다. 사람은 날마다 배운다던가. 모든 사람은 그 사람의 인생 스토리가 있다. 각각의 삶에 스며든 이야기들은 귀하다. 특히 목회하던 사람의 이야기는 내 이야기 같아서 더욱 애정이 간다. 한 사람은 한 사람의 인생 이야기로 존경받을 가치가 있다. 이 세상에서 나에게 다가온 사람들, 내가 만나는 사람들은 하나님의 선물이다. 그 사람의 외양이 어떠하든…. 내 방식의 커피가 아닌 스틱 커피를 마시면서도 구수하게 느낀다. 사람 사랑함은 아마도 이런 것이리라.

마당 가의 조팝을 한 줄기만 달라고 했다.

한 줄기가 아닌 한 아름을 팔에 안고, 박태기나무꽃과 영산홍도 덤으로 얻었다. 화병을 걱정하다가 소금 항아리를 씻어서 대신했다. 이제는 내 집에 꽃이 만발했다. 이제 돌이 지난 손녀는 꽃을 배웠다. "꼬~~옺"이라 말한다. 벽지의 서양란을 보고 꽃이라 말하고, 주홍색 튤립을 보고 꽃이라 말한다. 다른 모양, 다른 색깔인데 꽃이라 인식하는 게 신기하다. 내 머그컵을 보고 기어 온다. "꼬~~옺"이라 말한다. 내 머그컵에 파란 꽃이 있다. 분홍 꽃이 있다. 아하하, 꽃이 여기 있었다. 네가 바로 '인꽃'이로구나.

34

8월 매미

어떻게 알까? 꼭 그 시간에 울기 시작한다.

새벽 다섯 시 조금 넘으면 운다. 오늘도 그 시간을 기다린다. 왠지 조금 늦어진다. 이제는 다섯 시가 되어도 깜깜함이 걷히지 않는다. 새벽 4시에도 환하던 6월이 가서 조금 아쉽다. 매미는 왜 저녁에는 울지 않을까?

내가 한가한가 보다.

매미에게 신경 쓰지 않는 날이 없다. 자식에게서 소식이 오는 것을 기다리는 엄마처럼 매미가 우는 시간을 기다린다. 매미는 여름의 절정부터 울기 시작해서 가을이 오기 시작하면 없어지는 것 같다. 매미는 수컷 매미가 암컷을 유혹할 때 운다는데, 그 목소리가 클수록 인기가 있단다. 이 세상에서 사람을 제외한 모든 동물은 수컷이 화려하다. 매미가 우리 집 창문에 붙어서 울 때는 귀가 쟁쟁하다. 오늘을 열심히 살기로 결심한 놈 같아서 기특하다.

매미 소리를 듣다 보면 가을이 오는 것 같고, 우주는 또 자신의 발걸음을 재촉한다.

시편 8편에 **"주의 이름이 온 땅에 어찌 그리 뛰어나신지요! 주의 하늘들 곧 주의 손가락으로 지으신 작품과 주께서 정하신 달과 별들을 내가 깊이 생각해 보오니 사람이 무엇이기에 주께서 그를 마음에 두시나이까? 사람의 아들이 무엇이기에 주께서 그를 찾아오시나이까?"**라는 말씀이 있다.

이 부분을 읽을 때면 가슴 저 밑바닥에서부터 물결이 인다.

사람을, 아니 나를 생각하고 아시는 주님이 느껴진다. 만물의 움직임 가운데서 그것을 운행하시는 하나님을 만난다. 사람은 하나님을 경험할 때가 하나님이 주신 계시 가운데 있을 때다. 그것은 일반 계시와 특별 계시다. 일반 계시는 자연 계시다. 그것은 자연을 통해 하나님이 말씀하시는 것이고, 특별 계시는 예수 그리스도와 하나님 말씀이다. 사람은 자연을 통해서 하나님을 만나고, 말씀을 통해서 하나님을 만난다.

어떤 사람은 태어나서 일생을 순탄하게 산다.

어떤 사람은 욥만큼은 아니지만 극한 고난을 경험하며 산다. 극한 고난 중에 있는 자매는 나와 통화를 하면서 차라리 웃는다고 말하며 웃는다. 그렇게 마지막에 결론을 내리는 것을 보며 그것이 감사하다. 사람은 감당하기 버거운 일을 만나면 오히려 그 속에서 진정한 의미를 찾고자 한다. **"사람이 무엇이기에 주께서 그를 크게 높이시나이까? 또 주께서 주의 마음을 그에게 두시나이까?"**(욥 7:17)라는 말씀이 좋다.

이 속에서 내가 존귀한 존재라는 것을 새기게 된다.

성경 속에 시편이 없으면 사람의 감정에 대하여 어떤 각도로, 어떻게 이해할 수 있을까?

슬픔을 모르면 기쁨이 무엇인지도 모를 것이다.

전화기 저편에 있는 자매님이 지독한 더위와 고통을 털어버리고, 다시 희망으로 살아가면 좋겠다. 고통은 그것을 넘기고 나면 언젠가는 마음의 상처로 남고, 생채기로 남는다. 그것마저도 떨쳐버리고 욥처럼 배나 축복받는 인생이 되고, 투명하고 윤기 있는 매미처럼 울었으면 좋겠다. 각자 자신의 존재를 과시하며 살아가는 것이 삶의 의미가 아닐는지.

아침에 산길을 오르다가 내 옆에 있는 나무에서 매미가 웽웽거리며 우는 소리를 들었다. 손에 힘을 모아 나무 둥치를 세게 쳤다. 갑자기 소리가 뚝 그쳤다. 나도 놀랐다. 평온했던 그에게 일격을 가한 것이 그에게는 어떤 의미였을까? 내가 어릴 때 강 한가운데서 맞닥뜨렸던 밀물 파도 같은 것은 아닌지…. 매미는 한참을 기다려도 울지 않았다. 공연히 가한 일격에 매미의 하루가 망쳐진 것은 아닌가.

미안한 마음으로 자리를 떴다. 매미야! 그래도 넌 내일 또 울겠지.

35

복병

성경에는 전쟁 이야기가 많이 나온다.

여리고를 함락한 이스라엘은 자신만만하게 임한 아이 성과의 전쟁에서는 패하고 만다. 그 근본 원인은 아간 때문이었다. 아이 성은 하나님께 바쳐져서 아무 물건도 취하면 안 된다고 미리 말씀하셨지만 아간은 자신의 욕심을 이기지 못했다. 바빌로니아에서 만든 좋은 옷과, 은 이백 세겔과, 오십 세겔 나가는 금덩이 하나는 그의 이성을 모두 마비시켰다. 바빌로니아산 외투는 당시의 명품일지도 모른다. 두 번째 아이 성 전투에서는 하나님께서 아이 성과 어떻게 싸울지 직접 전략을 말씀하신다. 그 도시를 얻기 위하여 도시 뒤에 복병을 두라고 말씀하신다. 여호수아는 아이 성 사람들을 유인하고 복병을 두어서 결국 승리한다.

사사기 20장에서도 복병이 나온다.

베냐민 지파와 이스라엘 전체와의 싸움에서 이스라엘은 처음에는 패배하였지만 나중에는 베냐민 지파를 유인하고 복병을 두어서 승리하였다. 유인당한 베냐민 군사들이 자기들의 뒤를 바라보니 도시의 불꽃이 하늘에까지 올라갔다. 그들은 도시의 불꽃과 연기를 보는 순간 다리의 힘이 풀리고, 모든 싸우고자 하는 의지가 사라져 버렸다. 쫓기던 이스라엘은 뒤돌아서서 베냐민을 공격하였다. 베냐민은 크게 패하고, 남은 자들은 자기 도시로 돌아가지 못하고 광야로 도망할 수밖에 없었다.

사무엘하 5장에는 다윗이 블레셋과 싸울 때 하나님께서 전술을 말씀하신다. **"너는 올라가지 말고 그들 뒤로 돌아 뽕나무 수풀 맞은편에서 그들을 습격하되 뽕나무 수풀 꼭대기에서 누군가가 가는 소리를 네가 듣거든 재빨리 움직이라. 그때에 주가 블레셋 사람들 군대를 치려고 너보다 앞서 나가리라"**라고 하셨다.

다윗이 한참 모든 나라를 정복할 즈음에 일어났던 이 전쟁은 하나님의 기이한 도우심으로 승리한 전쟁이다. 어떤 전쟁도 있어서는 안 된다. 하지만 모든 세계사는 전쟁으로 점철되어 있다.

여호사밧 시대에 모압 자손과 암몬 족속과 세일 자손이 유다를 쳐들어왔다. 이스라엘이 하나님을 신뢰하고, 노래하고 찬양을 시작할 때, 주께서 복병을 두어 유다를 치러 온 암몬과 모압과 세일 자손을 치게 하셨다. 이 복병은 어떤 복병인지 모르겠다. 하나님이 부리는 천사가 아닐는지.

특히 아이 성과 베냐민 지파와의 싸움에서 복병이 나오는 것을 보면 「삼국지」의 무수한 전투가 생각난다. 칼과 창으로 싸우던 시대였기 때문인지 몰라도 전쟁의 양상이 비슷한 느낌이 든다. 왕의 주변에 있던 모사들도 그렇고, 성을 에워싸고, 유인하고, 해자를 만들고, 복병을 두고, 장수들이 대표로 싸우는 것도 그러하다. 식량을 봉쇄하거나, 일정한 기간이 지나면 싸움을 거두고, 다시 싸움을 시작하는 것들이 너무 흡사하다. 「삼국지」에 나오는 유비는 탁현에서 돗자리를 짜서 팔던 사람이었다. 사람을 우선시하는 그의 성품으로 그는 많은 사람들을 얻었고, 제갈공명의 도움을 받아 나중에 촉의 제왕이 된다. 베들레헴 골짜기에서 사자와 곰과 싸우던 다윗이 이스라엘의 왕이 되는 것도 그러하다고 한다면 지나친 상상력일까? 다윗도 사람을 생각하던 지도자였다.

숨어 있는 복병은 아군에게는 중요한 전략이 되지만 상대방에게는 멸망을 가져다준다. 인생에도 복병이 있다. 어느 날 갑자기 나타나는 복병은 어떤 것은 좋은 것도 있지만, 어떤 것은 치명상을 가져다주는 것도 있다. **"번영하는 날에는 기뻐하되, 역경을 당하는 날에는 깊이 생각하라"**(전 7:14)라는 말씀을 기억한다. 삶은 끊임없는 고난과 고난, 또 끊임없는 행복과 행복으로 이어져 있으니 어찌 누가 미래를 알 수 있으랴. 너무나 당연한 말씀을 당연하게 받아들여야 한다.

오늘 아침에 진짜 복병을 만났다.

우리 동네 개울가 산비탈에 점점이 진달래가 분홍색을 드러냈다. 갑자기 복병처럼 나타났다. 그 존재를 눈치채지 못했다. 내 앞에 휘딱 나타나서 내가 주저 없이 손을 들게 만든다. 이런 복병! 얼마든지 나와도 좋다. 이런 복병, 내가 이길 수 있다.

36

크리스마스 선물

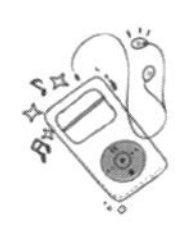

오 헨리의 단편에 「크리스마스 선물」이 있다.

델러의 집에는 1달러 87센트밖에 없다. 그것은 그녀가 아끼고 아껴서 모아둔 전부다. 델러는 크리스마스이브에 남편에게 줄 선물이 없어서 슬퍼하고 고민한다. 그녀는 윤기가 돌고 폭포처럼 물결치는, 무릎 아래까지 닿아 외투 같은 갈색 머리칼을 잘라 판다.

그 돈으로 남편의 귀중한 시계에 달기 위해 고상한 디자인의 플라티나 금시계 줄을 산다. 그날 밤 짐은 브로드웨이 진열장에 있던 빗 한 벌을 사 온다. 그것은 옆머리 빗, 뒷머리 빗이 있는 한 벌이다. 짐은 그의 가장 소중했던 금시계를 팔아서 선물을 마련했다. 그날 밤에 델러의 머리빗을 산 짐은 집에 돌아와 짧게 자른 델러의 머리카락을 보고 할 말을 잊는다. 그녀가 내민 시곗줄 또한 의미를 잃어버리고 만다.

크리스마스에 사람들은 선물을 한다.

가장 사랑하는 사람들에게 선물을 한다. 크리스마스 선물은 생일선물처럼 하고 싶고, 받고 싶다. 성경에 나오는 크리스마스 선물은 지혜자들의 선물이다. 동쪽에서부터 온 지혜자들은 황금과 유향과 몰약을 아기 예수님께 드린다. 그들은 단지 별을 보고 왔다. 지혜자들은 메시아가 틀림없이 탄생한 것을 믿고 선물을 준비해 왔다.

개역 성경에는 그들을 '박사'라고 하였다.

우리는 박사를 모든 것을 해박하게 아는 사람들이라고 생각한다. 나는 어린 시절에 박사를 '범접할 수 없는 부류'로 말하는 사람들 때문에 강렬하게 인식하였다. 어떤 사람은 이 지혜자들이 바빌론에 포로로 끌려갔다가 남아 있던 이스라엘 자손일지도 모른다고 말한다. 그럴 수도 있겠다.

예수님이 탄생한 크리스마스를 진정으로 맞이한 사람들이 있다. 마리아가 모세의 율법에 따라 그녀를 정결하게 하는 날들을 채운 뒤에 그들이 아이를 데리고 예루살렘에 갔다.

시므온은 의롭고 독실하여 이스라엘의 위로를 기다리는 자였다. 그는 그리스도를 보기 전에는 죽음을 보지 아니하리라는 계시를 받았다. 그리스도를 본 시므온은 아이를 안고 축복한다. 또 안나라는 여대언자는 아이를 보고, 예루살렘에서 구속을 기다리던 모든 사람에게 이 아이에 대하여 말하였다. 그들의 환희가 어떠했을까!

예전에 거리마다 가게마다 똑같이 울리던 크리스마스 캐럴이 없어졌다. 음원 문제가 있어서 사용하지 않는다 한다. 요란하던 크리스마스 장식도 없다. 우리 동네 대형 백화점에서조차 출입문 위에 조그만

트리 몇 개가 눈치 보듯 서 있다. 거기에 눈이 오는 것도 희귀해져서 화이트 크리스마스를 기대한다는 것은 호사스러운 일이 되어 버렸다. 나의 어릴 적 크리스마스는 항상 가슴이 떨렸다. 크리스마스 연극과 발레와 노래가 있었다. 그것들을 연습한다고 밥만 먹으면 눈 쌓인 골목길을 지나 교회로 달음질했다. 미끌미끌한 예배당 나무 마루 감촉도 기억이 난다. 교회 대문 옆 철조망 울타리는 우리들이 붙잡고 못살게 구는 바람에 늘어졌었다. 아무 걱정 없던 유년의 기억들은 따뜻하다.

낙후된 구도심 지역이 활성화되어 중산층 이상의 계층이 유입됨으로 기존의 원주민을 대체한다는 젠트리피케이션Gentrification 현상이 곳곳에 있다. 아기자기하던 정다운 골목길도 없다. 구불구불한 골목길에서 들리던 캐럴은 얼마나 마음을 들뜨게 했던가!

오로지 상업적인 트렌드에 의지한 가게들뿐이다.

크리스마스가 예수님의 진짜 생일은 아니라지만 옛날의 그런 크리스마스 현상들이 사라져가는 것에 대한 아쉬움이 있다. 메시아 탄생이 2000년이나 지났다 해도, 그분의 탄생에 대해 미국 사람들만큼은 아니더라도 기쁜, 한 날이 되었으면 좋겠다. 선물을 기다리는 마음처럼. 성경은 "거룩한 날이나 월삭이나 안식일에 관하여 너희를 판단하지 못하게 하라"라고 하신 말씀이 있다. 정확한 크리스마스가 언제인지 성경에 나와 있지 않다는 것은 의미심장한 일이다.

오 헨리는 마태복음에 나오는 동방의 지혜자들에 대하여 말한다. 그들은 예수님께 선물을 가져왔고, 그들이 '크리스마스에 선물을 한다'라는 생각을 해냈다 한다. 현명해서 그 선물도 물론 현명한 것이란다. 그러면서 말한다.

선물을 주거나 받거나 하는 사람들 중에서 이 두 사람과 같은 사람들이 있다면 그들이야말로 가장 현명하고, 어디에 있든 그들이 '현자'라고.

그대,
당신의 기쁨과 슬픔을
그분이 아십니다

제4장

당신의 사람들은 행복하도다

37

문지방

사무엘 시대에 이스라엘은 하나님의 법궤를 블레셋에게 빼앗긴 적이 있었다. 블레셋 사람들은 그 법궤를 가져다가 그들의 신 다곤 옆에 두었다. 첫날에 다곤이 궤 앞에서 얼굴을 땅에 댄 채 쓰러졌다.

사람들은 다곤을 취해 다시 그것의 자리에 두었다. 그다음 날에도 다곤이 주의 궤 앞에서 얼굴을 땅에 댄 채 쓰러졌다. 다곤의 머리와 두 손바닥은 끊어져서 문지방에 있고 다곤의 몸뚱이만 남았다. 그래서 다곤의 제사장들이나 다곤의 집에 들어가는 자는 다곤의 문지방을 밟지 않는다고 하였다. 문지방은 출입문 밑의 두 문설주 사이에 마루보다 조금 높게 가로로 댄 나무를 말한다.

어릴 때, 나는 문지방을 자주 밟고 놀았다. 문지방 위에서 뱅그르르 돌기도 하고 까치발을 하고 놀기도 했다. 그럴 때마다 할머니에게 들켜서 혼이 나곤 했다. 할머니는 절대로 문지방을 밟지 못하도록 했다.

나는 그 이유를 알지 못하다가 사무엘상 5장을 읽다가 그 이유를 알 것 같았다. 이방 신에게서 유래되기는 했지만 '문지방을 밟는다'라는 것은 무언가 알 수 없는 공포의 금기사항이다. 혹시 이 사무엘상 5장의 사건 때문에 그렇게 된 것이 아닐까?

블레셋 사람들이 섬기던 다곤 신은 기원전 3000년 전에 메소포타미아에서부터 섬겨왔다. 다곤은 셈족들에게 곡물, 생선, 어업의 신과 다산의 신으로 숭배되어 왔다. 지중해 연안에 있는 블레셋 사람들이 다곤을 섬기면서 물고기와 연관된 신으로 바뀌었다. 블레셋 사람들은 삼손을 사로잡았을 때 즐거워하며 다곤에게 큰 제사를 드리고, 사울이 죽었을 때 사울의 머리와 갑옷을 다곤 신전에 두었다.

다곤 신은 물의 신이라서 윗 모습은 사람이나 아래는 물고기의 형상을 하고 있다. 안데르센 동화에 나오는 인어공주가 여기에서 유래한 것은 아닌가 싶다. 안데르센은 슬라브 신화에서 인어공주 모티브를 얻었다는데 오랫동안 내려온 전설이 이어진 것일 게다. 아이였을 때에 인어공주 때문에 울고 웃었다. 물거품으로 변하는 공주는, 나도 물거품이 된 것처럼 슬프고 아쉬웠다. 인어공주가 다곤 신을 모티브로 했을지도 모른다 생각하니 새로운 발견에 씁쓸하다.

우리는 알게 모르게 본능적인 금기와 법칙들 속에서 산다.

'손이 없는 날에 이사해야 한다', '동짓날에는 꼭 팥죽을 먹어야 한다'라는 말이 있다. 정월 대보름에 '내 더위를 사가라'라는 말을 친구보다 나중에 해서 더위를 팔지 못하면 일 년 내내 더위에 시달린다는 웃지 못할 금기사항도 있다. 어릴 때 정월 대보름 아침에 누가 우리 집 마당을 가로질러 지나가느냐가 우리 집에서는 아주 중요한 것이었다. 우리 아버지는 방금 여자가 지나갔는지, 남자가 지나갔는지 꼭 물어보셨다. 여자가 지나가면 한 해 재수가 없다고 했다. 지금 생각하면 얼른 당신의 아들을 지나가게 하면 될 것을 왜 그랬나 싶기도 하다. 이런 해학과 적극성이 있었다면 얼마나 자유스러웠을까.

믿음을 가진 사람은 여자가 지나가든지 남자가 지나가든지 상관없는 일이다. 이 얼마나 아무것도 아닌 것들이 우리를 지배하는가! 우리 아버지는 믿음을 가지고서는 당장 제사를 없애셨다. 덩달아 우리 엄마는 해방을 받고 너무나 좋아했다.

골로새서 2장 20절에 이런 말씀이 있다.

"그러므로 너희가 세상의 초보 원리들로부터 떠나
그리스도와 함께 죽었거든 어찌하여 세상에 살고 있는 것같이
규례들에 복종하느냐?"

우리 집에는 문지방이 없다.

그래서 로봇 청소기가 부지런히 방과 마루를 들락거리며 청소를 한다. 이제는 문지방이 없는 집이 너무나 많다. 문지방에 대한 개념도 희박하다. 먼 훗날 우리 손자는 문지방을 국어사전에서나 찾을 것 같다. 세상이 너무 빨리 변하니 앞으로는 금기시하는 말들도 많이 줄어들 것 같다.

38

당신의 사람들은 행복하도다

세바 여왕은 솔로몬의 소문을 들었다.

그녀는 솔로몬의 명성을 듣고 그에 대한 동경과 설렘이 있었다.

어느 날 여왕은 큰 무리와 함께 낙타에 많은 향료와 금과 보석을 실었다. 세바는 주전 10세기경 서남 아라비아의 예멘 지방에 있었다고도 하고, 아프리카의 에티오피아는 자신들이 세바 여왕의 후예들이라고도 한다.

에티오피아는 이슬람교 일색인 아프리카에서 기독교의 흔적이 많이 남아 있고, 기독교 국가로 인식된다. 그 후 1000년이 지난 후 사도행전 8장에는 에티오피아 여왕 간다게 밑에 있던 내시가 예루살렘에 예배하러 왔다가 돌아가는 장면이 나온다. 그 내시 역시 진리를 탐구하는 사람이다.

예레미야서에는 하나님께 쓰임 받은 에티오피아 내시 에벳멜렉이 나온다. 여왕들이 진리에 관해 관심을 가진 것으로 보아 그들은 축복받은 민족이다. 세바가 예멘이든 에티오피아든 복 받은 나라다.

어느 날 나는 세바 여왕의 마음이 어땠을까에 마음이 꽂혔다.

그녀는 어려운 질문들로 솔로몬을 시험하려 했다. 그녀는 낙타에 올라타서 무엇을 생각했을까? 세바에서 예루살렘에 이르기까지 생각하고 또 생각했을 것이다.

성경은 솔로몬에게 어려운 질문들로 시험하려 했다고 한다.

그 질문들의 내용이 성경에 있지 않은 것이 못내 아쉽다. 그 이야기들이 기록되었더라면 그 이야기들을 모르는 사람들이 이 세상에 아무도 없었을 것 같다. 또 그 질문들이 밝혀졌다면 사람들은 세바 여왕이 동경한 지혜에 대한 마음보다는 그 내용에 더 신경을 써서 정말로 중요한 것은 사라지고 말았을 것 같다. 어떤 사람도 두 사람의 질문과 대답에 대해 글을 쓴 사람이 없으니 하나님의 섭리가 아닐까?

여왕은 자기의 마음속에 있던 모든 것을 솔로몬에게 내놓았다.

말하지 못한 것이 하나도 없었다. 알렉산더 대왕의 '고르디우스의 매듭' 같은 것도 있지 않았을까?

농부의 아들인 고르디우스는 자신이 프리기아의 왕이 되자 무척 자랑스러워했다. 그래서 수도인 고르디움 신전 기둥에 아주 복잡한 방법으로 매듭을 지어 전차 한 대를 묶어 놓았다. 그러고는 '누구든지 이 매듭을 푸는 자, 아시아를 정복할 것'이라고 예언하였다. 많은 사람이 도전하였지만 실패하였다.

주전 334년에 알렉산더가 아시아를 정복하러 가던 중에 이 이야기를 들었다. 매듭을 살펴보던 알렉산더는 갑자기 칼을 빼 번개처럼 매듭을 잘라버렸다. 그리고 "아시아를 정복할 사람은 바로 나, 알렉산더다"라고 하자 그 순간 주위에 있던 군사들과 백성들은 환호했다. 이 이야기를 들으면 속이 시원하다. 물론 알렉산더는 그들보다 700년 후의 사람이지만.

마태복음 22장에는 예수님께 **"카이사르에게 공세를 바치는 것이 율법에 맞나이까? 맞지 않나이까?"**하는 질문이 나온다.

예수님은 데나리온을 보시고 이 형상과 그 위에 쓰인 글이 누구의 것이냐고 물으신다. 카이사르의 것이라는 대답에 예수님은 **"카이사르의 것들은 카이사르에게, 하나님의 것들은 하나님께 바치라"**라고 하신다. 이 말씀은 너무나 명료하다. 머릿속에 찡하고 전기가 흐른다. 이런 문답은 성경이 아니고서는 읽을 수 없다.

세바 여왕은 그의 상의 음식물과 그의 신하들의 앉는 것과, 그의 일꾼들의 섬기는 것과, 그들의 의복과, 또 그가 주의 집에 올라갈 때 쓰는 오르막 통로를 보고는 더 이상 정신을 차릴 수 없었다. 그녀는 솔로몬에게 고백한다.

"내가 내 땅에서 당신의 행적과 당신의 지혜에 관하여
들은 소문이 참되도다. 그러나 내가 와서 내 눈으로
그것을 볼 때까지 그들의 말들을 믿지 아니하였는데,
보라, 그들이 당신의 그 큰 지혜의 절반도 내게 말하지 아니하였으니
당신은 내가 들은 명성보다 뛰어나도다."

어떤 것이든지 소문보다 직접 보게 되면 대부분 실망하게 된다.

기대하고 가서 본 여행지의 풍광은 얼마나 실망을 느끼게 하는가! 기대하고 본 사람의 얼굴은 얼마나 실망스러운가! 무엇이든 상상 속에 있을 때 더 큰 감동이 있다. 세바 여왕은 소문보다 더한 진실을 보았다. 나는 역대하 9장을 읽을 때마다 이 부분에서 멈추게 된다.

"당신의 사람들은 행복하도다.

당신의 이 신하들은 행복하도다.

그들이 계속 당신 앞에 서서 당신의 지혜를 듣는도다."

세바 여왕이 가진 벅차오르는 지혜에 대한 갈망과 부러움이 느껴진다. 그녀가 흠모한 것은 솔로몬의 휘황찬란한 궁궐도 아니고, 권력도 아니고, 금은도 아니었다. 지혜에 대한 갈망이다.

나도 세바 여왕이 되고 싶다.

39

세금

세금의 정의는 '국가 또는 지방 공공 단체가 필요한 경비로 사용하기 위해 국민이나 주민으로부터 강제로 거두어들이는 금전'이다.

마태는 세금 받는 곳에 앉았다가 예수님의 부르심을 받았고, 삭개오는 세리들의 우두머리였다.

예수님 당시의 세리들은 죄인의 대명사였다.

킹 제임스 성경 열왕기하 23장에 '세금'이라는 단어가 여호야김 왕과 연관하여 나온다.

"여호야김이 은과 금을 파라오에게 주었으나
그가 파라오의 명령대로 돈을 주기 위해 그 땅에
세금을 부과하였으니 곧 그가 그 땅 백성에게서 은과 금을 강제로
거두되 각 사람의 세금에 따라 모든 사람에게서 거두어
그것을 파라오 느고에게 주었더라."

이런 일도 있다.

북 왕국 이스라엘의 통치자 므나헴은 사마리아에서 10년 동안 나라를 다스렸다. 아시리아 왕 불이 그 땅을 치러오자 므나헴은 은 천 달란트를 아시리아 왕 불에게 주었다. 그의 도움을 받아 이스라엘을 강하게 다스리고자 함이었다.

"므나헴이 이스라엘에서 곧 재산이 많은 모든 강력한 자들에게서
각 사람당 은 오십 세겔씩 강제로 돈을 거두어
아시리아 왕에게 주니 이에 아시리아 왕이 돌아가고
그 땅에서 거기에 머물지 아니하였더라"(왕하 15:20)

이 두 말씀에는 '강제로'라는 말이 있다.

세금을 기뻐하며 내는 사람이 얼마나 있으랴. 더구나 그것이 정당한 것이 아니라 불의한 의도에서 나온 것이라면 아무도 기꺼이 내는 사람은 없을 것이다.

이럴 때 부유한 사람들은 자신의 부를 억울하게 빼앗기는 경우가 있다. 부유하다는 것이 죄는 아니다. 창세기 10장 이후로 국가가 생겼고, 그 나라들은 아마도 그 국가를 유지하기 위하여 세금을 거두었을 것이다. 솔로몬도 상당한 세금을 거두었다. 그에게 들어온 일 년 동안의 세입금은 금 육백육십육 달란트였다.

솔로몬의 치세가 기울었던 것은 비단 천 명의 처와 첩으로 야기된 도덕적 타락만은 아니다. 그것을 유지하기 위해서는 많은 재정이 들었을 것이고, 당연히 많은 세금을 거두어야만 했다. 이것을 내었던 백성들은 나중에 솔로몬의 아들 르호보암에게 과중한 세금을 조금 완화해 달라고 간청하였다.

헤롯 왕은 자신의 왕권을 유지하기 위해 로마의 도움이 필요했고, 그 도움을 세금으로 얻었다. 그가 부과한 막대한 세금은 백성들의 불만을 샀다. 로마는 방대한 식민지의 세금을 직접 거둔 것이 아니라 '징세 청부인'을 내세웠다.

징세 청부인은 세금을 걷어서 로마에 가져다주는 것이 아니라 5년치 세금을 미리 지불하고 세금 징수권을 사들였다. 당연히 그들은 그 이상의 세금을 거두어들였다.

복음서에 나오는 세리에 대한 인식은 이런 맥락에서 이해해야 한다. 부당하게 많은 세금을 걷은 세리들은 백성들의 멸시와 조롱을 받았다. 그 사람 중의 하나가 세리 마태다. 세리들은 대체적으로 부요했다. 그도 예수님을 불러서 잔치를 했고, 세리장 삭개오도 잔치를 했다. 자기가 의도한 대로 세금을 걷었던 세리들은 강한 죄의식에 사로잡혔고, 성경에 이름이 기록되어 우리가 아는 사람들이 되었다.

나라의 통치자들은 그들의 일을 이루기 위해 백성에게 세금을 거둔다. 그것이 모든 이들을 유익하게 하는 결과를 가져온다면 좋지만, 자신들의 욕심을 이루기 위해 세금을 거두거나 증액한다면, 그 말로는 항상 비참하게 끝난다. 중국 고사에는 백성들이 임금이 누구인지도 모르고, 임금이 있는지 없는지도 모른다면 태평성대라고 하였다. 성경의 표현은 **"자기 포도나무와 무화과나무 밑에서 안전히 거하였더라"**(왕상 4:25)라는 말로 나온다.

로마의 아우구스투스가 귀족들에게 세금을 거두기 위해 시작한 상속세는 2000여 년이 지난 지금까지 이어져 왔다. 세금은 별의별 명목으로 거두어졌다. 쇠퇴하게 된 나라일수록 세금의 종류도 많다. 소득세, 법인세, 양도소득세, 주세, 인지세, 관세, 오줌세….

세금은 나라를 운영하는 필요불가결한 요소다.

예수님도 관세나 공세를 부인하지 않으셨다. 그 당시 세관이 있던 가버나움에서 관리들이 베드로에게 **"너희 선생님은 공세를 내지 아니하시느냐?"**라고 했었다. 예수님은 **"세금을 내지 않으면 그들을 실족시킬까 염려하노니 바다에 가서 낚시 바늘을 던져 처음 올라오는 물고기를 잡으라. 그리고 그 입을 열면 돈 하나를 발견하리니 그것을 가져다가 나와 너를 위해 그들에게 주라"**라고 하셨다. 바울도 로마서 13장에서 **"공세 받을 자에게 공세를, 관세 받을 자에게 관세를 주라"**라고 했다. 유대인들은 거기에 다른 민족들에게는 없는 성전세도 바쳤다.

세금 때문에 인류의 역사가 바뀌고 하나님의 일이 이루어진 일이 있다. 카이사르 아우구스투스가 칙령을 내려 온 세상이 조세 등록을 하게 하였고, 모든 사람이 조세 등록을 하러 저마다 자기의 도시로 갔다. 그에 따라 다윗의 후손 요셉이 임신한 마리아와 함께 나사렛에서 나와 베들레헴으로 갔다. 미가의 예언대로 메시아는 베들레헴에서 태어나야만 했다. 아우구스투스는 자신이 페르시아에서 예루살렘으로 이스라엘 백성을 돌려보냈던 고레스처럼, 하나님의 사역에 사용된 이방 왕이라는 사실을 절대 모를 것이다.

40

금

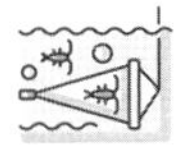

원자 번호 79, 원소 기호 Au, 원자량 196.967. 금이다.

그리고 이것은 문서에서 돈을 이르는 말이다.

금은 지금 우리에게는 화폐 기능으로 쓰인다. 금을 가치 척도로 하여 일정량의 금을 본위 화폐로 하는 화폐제도가 금본위제도다. 한때는 금이 모든 것의 가치를 재는 척도였다. 산업 혁명을 시작했던 영국이 금본위제도를 시작했다. 1차 세계 대전 이후로 금본위제가 파탄의 조짐을 드러냈고 미국 닉슨 대통령 이후로 금본위제가 폐지되었다. 그 후 달러가 세계 경제를 지배했다. 지금 또다시 사람들에게 금이 부의 척도로 각광받고 있다.

황색의 빛나는 금속이 금이다.

성경에는 하윌라, 스바, 오빌, 우바스 등이 금의 원산지로 알려졌다.

팔레스타인에는 금광이 없다. 금은 성전이나 궁전 건축에 사용되었다. 각종 장식물과 우상 제작에도 사용되었다. 금을 망치로 평평하게 두드리고 가늘게 뽑아 금실을 만들고 그것으로 옷에 수를 놓기도 했다. 제사장 아론의 에봇과 허리띠는 금실과 청색·자색·홍색 실, 아마 실로 섞어 짜서 만들었다. 금은 페르시아 시대에 이르러서 화폐로 통용되었다. 신약 시대에는 로마 금화가 사용되었다. 로마 황제들은 자기 얼굴을 금화에 새겼다.

로마의 바울 성당에 갔을 때 천장이 온통 노란 금으로 뒤덮인 것을 보았다. 그것이 모두 진짜 금이라고 해서 고개가 아프도록 쳐다보았다. 이렇게 많은 금을 어떻게 조달했는지 놀라웠다.

정말로 그것이 모두 금인지 아직도 믿지를 못하겠다.

고대로부터 왕들은 전쟁을 하면 전리품으로 금은보화를 챙겼다. 다윗의 군대 장관 요압이 랍바를 쳤다. 랍바는 지금 요르단의 암만이다.

다윗이 랍바 왕의 머리에서 왕관을 빼앗아 달아보니 금이 일 달란트였다. 그 왕관에는 보석들이 있었고 다윗은 그 왕관을 머리에 썼다. 왕들이 전쟁에 승리해서 이런 순간을 맞이할 때는 어떤 기분일까?

영국 엘리자베스 여왕이 쓰는 왕관이 인도에 있는 어떤 부족 소유였다는 것을 읽은 적이 있다. 이런 것이 승자와 패자가 갖는 공식이다.

요한계시록을 읽고 창세기 2장을 읽는데 '금'이라는 말이 들어왔다.

"첫째 강의 이름은 비손이니라.

그것은 금이 있는 하윌라 온 땅을 두르는 강이며

그 땅의 금은 좋고 거기에는 델리움과 줄마노 보석이 있느니라"(창 2:11)

금도 언급이 되고 보석도 언급된다.

무생물인 금은 성경에 참 많이 나온다. 금은 세상의 부귀영화를 대변하는 물질이다. 그것은 변치 않는다. 그것은 존귀를 상징한다. 그러기에 인류 역사에는 연금술사까지 등장한다. 창세기에서부터 금이 나온다는 것이 신기하다. 하나님은 사람들에게 어떤 가치를 제공하고 그 척도를 재기 위해서 금을 사용하시는 것은 아닐까?

이스라엘 민족은 이집트를 나올 때 이집트인들에게 금은보화를 요구했다. 그것은 물론 400년 동안 노예로 살았던 그들에게 주신 하나님의 보상이었다. 그 보물들은 광야에서 하나님의 성막을 세우는 데에 들어간다. 제사장의 옷에 달린 흉패는 온갖 보물로 장식되었다. 솔로몬 성전에도 금은보화가 가득했다.

바벨론 느부갓네살왕은 그 성전의 모든 것을 가져갈 때 심지어 놋바다와 놋 기둥과 받침대까지 가져갔다. 금으로 된 것은 금으로 가져가고 은으로 된 것은 은으로 가져갔다. 페르시아 왕 고레스는 이스라엘 민족이 다시 예루살렘으로 돌아갈 때 많은 금은보화를 돌려주었다.

사람들은 모세가 시내 산에 올라간 사이에, 더디 내려오는 그를 참지 못하고 아론을 내세워 우상을 만들었다. 그것이 금으로 만든 송아지였다. 금으로 송아지를 만든 이유는 그만큼의 열망을 담았기 때문이리라. 지금도 누군가 자꾸 집에 가려고 하면 "집에 금송아지가 있냐?"라고 물어본다. 뉴욕 월가에도 금송아지가 있다.

천국을 생각할 때 황금길만을 생각했다.

하지만 그 성 자체가 순금이다. 창세기 2장에 금이 나오고 계시록 마지막에 금이 나온다. 창세기에 생명 나무 열매가 나오고, 계시록 마지막에도 생명 나무 열매가 나온다. 주의 율법과 법규와 주의 두려움은 금보다, 참으로 많은 정금 보다 더 사모해야 할 것들이라고 시편 기자는 말한다.

욥은 "지혜를 어디에서 찾을 것인가?", "명철이 있는 곳은 어디인가?"라고 물었다. 사람이 그 값을 알지 못하고, 산 자들의 땅에서 그것을 찾을 수 없다고 했다. 그것은 금으로도 얻지 못하며 은을 달아서도 그것의 값을 치르지 못한다. 지혜와 명철은 오빌의 금, 귀한 줄마노, 사파이어, 황금, 수정 산호, 진주, 루비보다 값지다 한다.

또 베드로는 믿음의 단련이 금을 단련하는 것보다 더 귀하다고 말한다. 금은 존귀한 것, 오랜 단련 후에 나오는 것으로, 아무나 취할 수 없는 것으로 인식되어 왔다.

지난 추석에 우리 어머님이 내게 금 두 돈을 주셨다.

요즘은 누구나 금을 사 모은다고 한다. 나는 욥이 지혜와 명철보다 그것이 못하다고 한 말을 들었다. 겸사겸사 금이 얼마인지 물어나 보아야겠다.

41

에덴의 동쪽

아브라함의 아내 사라는 127세에 숨을 거두었다.

그때 이삭의 나이는 37세였다. 이삭은 40세에 리브가와 결혼을 하고 어머니가 죽은 이후에 위로를 얻었다고 하였다. 이삭이 결혼할 즈음에 아브라함도 그두라와 결혼하였다. 사라가 죽을 때에 아브라함이 137세였으니 아마도 140세쯤이라 짐작된다. 이삭과 아브라함의 나이 차이가 백 살이다. 아브라함은 그두라와의 사이에 여섯 아들을 낳았다.

이삭은 무려 20년 동안이나 아이가 없었다.

아브라함은 후에 자기의 모든 소유를 이삭에게 남겼다. 다른 아들들에게는 선물을 주었다고 기록되었다. 이것으로 보면 부모가 죽기 전에 유산 문제를 해결하는 것은 현명한 일이다.

아브라함은 그두라의 아들들에게는 선물을 주고 자기 생전에 이삭을 떠나게 하였다. 아브라함의 아들들은 이삭을 떠나 동쪽으로 갔다. 가나안의 서쪽은 대해이므로 동쪽으로 갈 수밖에 없었을 것이다. 가인은 주 앞을 떠나서 에덴의 동쪽에 있는 놋 땅에 거하였다. 에덴은 지금의 가나안 지방은 아니다. 존 스타인벡의 「에덴의 동쪽」이란 소설도 있고 영화도 있다. 영화가 나온 지가 60년도 넘었다. '에덴의 동쪽'이라고 하면 왠지 얼기설기 얽힌 사람들의 이야기가 무궁무진하게 나올 것 같다.

지도를 보면 이스라엘은 지리적으로 유럽과 아프리카와 아시아의 중심이다. 동쪽은 지리적으로 특별한 의미가 있는 것처럼 느껴진다. 왜 우리나라를 극동지방이라고 하는지 궁금했었다. 근동, 중동, 극동이라는 말은 왜 나왔는지 의문을 가진 적이 있었다.

그것은 세계사를 서양 사람의 시각으로 썼기 때문이다. 서양을 중심으로 근동, 중동, 극동이라는 말이 나왔다. 어느 날 이것을 알고는 혼자 즐거웠다. 반면에 자와할랄 네루 수상이 감옥에서 그의 딸 인디라 간디에게 쓴 「세계사 편력」은 동양 중심이다. 세계사를 공부할 때는 동양적인 시각에서 공부해 보는 것도 재미있겠다.

이삭을 장가보낸 아브라함은 혼자 남았다. 거기서부터 그는 그두라와 함께 또 다른 삶을 살았다. 그가 175세에 죽었으니 35년 정도다. 그는 평생 동안 아내가 셋이고, 아들이 여덟이다. 이삭은 리브가와만 살았고, 자식은 둘뿐이다. 그것도 쌍둥이다. 야곱은 아내가 넷이고, 아들이 열둘이다. 그는 자식이 많아서 고통스러운 삶을 살았다. 사람은 삶의 모양이 다르고 삶의 무늬가 다르다. 사람의 일생이 어떻게 펼쳐질지는 아무도, 본인들도 모른다.

아브라함의 첫째 아들 이스마엘은 137세에 죽었다.

그는 하나님이 하갈에게 약속하신 대로 많은 아들을 낳았다. 그 아들들은 열두 통치자가 되었다. 창세기 25장 18절에는 이스마엘이 자기의 모든 형제들 앞에서 죽었다고 하였다. 그가 죽을 때 아브라함의 아들들이 모였다. 이삭, 시므란, 욕산, 므단, 미디안, 이스박, 수아가 왔다. 형제가 죽을 때 형제들이 왔다. 왠지 끈끈한 형제애 같은 것이 느껴진다. 이스마엘의 죽음 앞에 모인 형제들이 새삼스럽다.

이삭을 제외한 이스마엘과 다른 형제들과의 나이 차이는 50년도 더 된다. 이스마엘은 항상 변방에 있다. 그는 노예 여종인 하갈에게서 태어났다. 바울은 그를 '육체를 따라 난 자'라고 말한다. 이삭을 가리켜서는 '자유로운 자'라고 하고 이스마엘은 '속박 중에 있는 자'라고 한다. 그러면서 율법과 은혜를 설명한다. 바울의 말을 통해 이스마엘의 삶과 상징성을 본다.

적자가 아니지만 이스마엘은 그의 상징성과 아버지 아브라함 때문에 나이가 기록되었다. 그러나 족장의 아내들은 남편들과 달리 나이가 언급되지 않는다. 오로지 90세에 아들을 낳은 사라만 죽는 나이까지 127세라고 나온다. 그 나이에 아들을 낳아야 했으니 나이가 기록되지 않으면 안 되었겠다. 질투가 많았던 라헬도, 대가 셌던 리브가도, 열등감을 아들 낳는 것으로 해소했던 레아도 나이가 없다. 아, 천국에 가면 나이가 없다. 아담이 살아간 나이는 930세다.

사람들은 아담과 이브가 배꼽이 없다는 유머를 한다. 있는지 없는지는 아무도 모르는 일이다. 에덴동산에 있던 그는 아마도 청년이었으리라.

42

옷

자주색 스웨터 팔꿈치에 구멍이 났다.

5년쯤 입은 캐시미어 스웨터가 드디어 두 손을 들고 말았다. 부드럽고 따뜻해서 너무 애용했던 탓이다. 어떤 옷은 새것이라도 쉽게 버려지는 옷이 있는가 하면 어떤 옷은 10년도 더 된 옷이 있다. 자주색 캐시미어 스웨터에 대한 미련을 버릴 수가 없다. 세탁소 아저씨에게 어떻게 하면 그것을 살릴 수 있는지 물어보았다. 그리고 양쪽 팔꿈치에 검은색 가죽을 대기로 합의하였다. 내가 이렇게까지 옷에 대하여 정성을 들인 것은 처음이다. 마음에 드는 옷은 오래오래 입을 수 없을까?

40년이 넘는 수명을 가진 옷을 발견하였다.

신명기 8장에는 이런 말이 나온다.

"이 사십 년 동안 네가 입은 옷이 해어지지 아니하였고."

이스라엘 백성이 광야에서 입었던 옷은 40년 동안이나 해어지지 않았다. 그 옷은 이집트를 나올 때 그들이 이집트 사람들에게서 노략해 왔다. 금이든 은이든 다급한 이집트인들은 이스라엘 사람들이 무엇을 요구하든지 주었다.

이집트 장자들과 처음 난 가축은 모두 죽었다. 그저 이스라엘 백성들이 그들의 목전에서 빨리 사라져주기만을 바랐다. 남자도 여자도 각각 이집트인들에게 그들이 원하는 것을 요구했다. 아마도 여자들은 그 자신과 자식들의 옷을 요구하지 않았을까?

그 옷들은 40년이 넘도록 해어지지 않았다. 세상에 그렇게 수명이 긴 옷이 있었다. 더군다나 광야를 걷던 그들의 발은 부르트지도 않았다. 하나님은 멋지게도 그들의 의복 문제를 해결하셨다.

시오노 나나미의 「사랑의 풍경」에 이런 이야기가 나온다.

사보이공은 투르크 군을 이끌던 우르그 알리와의 전투에서 패배했다. 투르크 해군은 전시가 아니면 해적으로 행동할 수도 있었다. 전투에서 승리한 우르그 알리는 사보이 공비인 마르그리트에게 자신의 주군을 대신해 안부 인사를 드리고 싶다고 한다. 이에 떨고 있던 왕비 마르그리트 대신에 피앙카리에리 백작 부인이 자신이 왕녀인 척하고 우르그 알리를 만나겠다고 자청한다.

우르그 알리는 이탈리아인으로 그리스도 교도로 자랐다.

그는 열여섯 살 때 투르크 해적에게 습격당해 콘스탄티노플로 끌려갔다. 불의의 사고로 사람을 죽이게 된 그는 이슬람교로 개종하였고, 혁혁한 공을 세워 지중해의 모든 나라에서 두려워하는 실력자가 되었다. 왕비로 가장한 우아하고 아름다운 그녀와 화려한 투르크풍의 가운과 하얀 비단으로 된 터번을 두른 동양적인 위엄을 가진 우르그 알리는 잠깐 만나 이야기했다. 3년이 지난 후에 오리엔트에서 진귀한 물건들을 가지고, 베네치아 상인 마리피에로가 사보이공국을 방문했다. 이미 피앙카리에리 백작 부인이 왕녀가 아니라는 것을 안 우르그 알리는 그녀에게 멋진 비단 한 필을 선물하였다. 녹색과 금색, 은색이 미묘하게 섞여 있어 옷감은 해가 비치는 각도에 따라 색깔이 변했다.

녹색과 금색, 은색이 미묘하게 섞여 있는 비단은 어떤 것일까.

그녀가 우르그 알리에게서 받은 에메랄드 목걸이와 아주 잘 어울릴 것 같다. 정말 멋질 것 같다. 내가 좋아하는 시편 45편에 보면 왕의 옷은 상아 궁궐에서 나오는 몰약과 알로에와 계피의 향내를 풍긴다고 하였다. 왕의 딸의 옷은 세공한 금으로 이루어졌으며, 그녀가 수놓은 옷을 입고 왕께로 인도된다고 했다. 얼마나 아름다운지 상상도 안 간다.

최초의 옷은 에덴동산에서 아담과 이브가 입었던 무화과잎 옷이다. 그 옷은 햇빛에 시드는 옷이다. 두 사람은 아무것도 입지 않고도 부끄러워하지 않았었다. 에덴동산을 떠나는 그들에게 하나님은 짐승을 죽여 가죽옷을 입혀 주셨다. 최초의 패션이다. 옷의 정석은 스킨이다. 거기에 영광이 입혀졌다. 죄가 온 이후로 추위와 더위가 있게 되었다. 이제는 추위에 맞는 옷, 더위에 맞는 옷을 거추장스럽게 생각해야 한다. 지금의 옷들은 해어지지 않는다. 그것이 단순한 옷의 기능을 넘어 패션이 되면, 날마다 거울 앞에 서서 '몸을 위해 무엇을 입을까?' 라는 것은 '염려'가 아니라 '숙제'가 된다.

43
집

헨리 데이비드 소로는 19세기 사람으로 하버드 대학을 졸업했다. 부와 명성을 좇는 안정된 직업을 갖지 않고, 측량일이나 목수일 등 노동으로 생계를 유지하면서 글을 썼다. 미국 동북부의 월든 호수가에서 통나무집을 짓고 글을 썼다. 대자연의 예찬과 문명사회에 대한 통렬한 비판이 담긴 그의 불멸의 고전인 「월든」을 읽었다.

그의 글 속에서 '집'에 대한 고찰이 나온다.

『우리는 사치품에 둘러싸여 있으면서도 수많은 원시적인 즐거움에서는 가난하기 짝이 없다. 집을 마련하고 나서 농부는 그 집 때문에 더 부자가 된 것이 아니라 실은 더 가난하게 되었는지 모르며, 그가 집을 소유하는 것이 아니라 집이 그를 소유하게 되었는지 모른다.

우리의 집은 다루기 힘든 재산이어서 우리가 그 집에 살고 있다기보다는 차라리 감금되어 있는 경우가 더 많고, 우리가 피해야 할 나쁜 이웃이 바로 우리 자신의 비열한 자아이고 보면 이 비난은 지금도 타당하다고 하겠다.

문명인이 단지 비속한 생필품과 안락을 얻기 위해 생의 대부분을

보낸다면 어째서 그가 미개인보다 더 좋은 주택을 가져야 한단 말인가?』 -「월든」 내용 중 발췌

그는 대부분의 사람들은 주택이 무엇인지를 단 한 번도 생각해 보지 않은 것 같다고 말한다. 이웃 사람들이 소유하고 있는 정도의 집은 나도 가져야겠다고 생각한 나머지, 가난하게 살지 않아도 될 것을 평생 가난에 쪼들리며 산다고 했다. 이 부분들에 대해서는 나도 그렇게 생각하며 산 것은 아닌지 돌아보게 된다.

좋은 집에 살려고, 부자가 되려고 애쓰지는 않았다.

하지만 미워하는 것도 살인이라는 말씀과, 여자를 보고 음욕을 품은 자마다 간음한 자라는 말씀에 비추어보면, 나 또한 자유롭지 못하다. 행동과 생각은 오십 보, 백 보니까….

내가 살아왔던 집 대부분은 항상 싱크대가 고장이 났다.

이 집에 와서야 제대로 된 집에 산다며 엘리베이터를 탈 때마다 우쭐했었다. 그런데 어느 날부터 부엌 싱크대가 고장이 나서 물이 떨어졌다. 싱크대 바닥에 있는 나무가 썩을까 봐 그릇을 갖다 놓았다. 빨리 고치면 될 것을 벌써 몇 달째 그렇게 하고 있다. 남편에게 말도 하지 않았다. 싱크대 바닥이 좁아져서 좀 불편하다.

이 당연치 않음을 빨리 없애야 하는데 번거로운 생각이 들어 게으름에 맡기고 있다. 가끔 스스로를 '문짝이 돌쩌귀를 따라 도는 것 같

이 자기 침상에서 도는 사람 같고, 손을 자기 입으로 가져가기를 괴로워하는 사람 같다'고 생각한다.

요즘은 새로 지은 아파트에 가보면 눈이 휘둥그레진다.

온 벽을 수납장으로 만들어 놓았다. 잘 정돈된 옷방, 널찍한 부엌과 빌트인 냉장고, 냉동고, 김치냉장고, 좋은 전망 등등….

슬쩍 '나도 이런 집에 살고 싶다'고 욕심내며 부러워했다.

내가 가진 것은 항상 부족한 법이다.

그런 것을 다 가지면 사실 만족하지 않다는 것을 알면서도 철딱서니 없이 부러워한다. 내가 집을 소유하는 것이 아니고, 집이 나를 소유한다는 말과 내가 그 집에 살고 있다기 보다는 차라리 감금되어 있는 경우가 많다는 말을 읽고는 한 대 맞은 기분이다. 안 해도 될 선택을 해서 평생 가난을 짊어지고 산다면 그것보다 더 어리석은 일이 있을까?

헨리 데이비드 소로는 자기가 만든 통나무집에서 자연에 대한 통찰과 문명을 비판하며 내 삶을 돌아보게 하는 글을 썼다.

차라리 내 집을 이것저것 바꾸어보고, 정돈하고 정리하여 애정이 깃드는 집으로 바꾸어보자. 집마다 지은 사람이 있다. 집마다 사는 사람이 있다. 무리하게 가난을 자청하는 우를 범하지는 말자. 나는 집의 주인이다. 집이 내 주인이 아니다.

다만 정약용이 강진으로 유배를 가서 그의 아들들에게 한 말을 참

고로 하자. 그는 아들들에게 한양을 떠나지 말라고 했다. 한양을 떠난다 해도 한양 근처에 살라고 했다. 그것은 안목이 떨어지지 않도록 하기 위함이라 했다. 혹자는 정약용도 그의 자식이 주류에 서기를 바라는 부모의 마음에서 벗어나지 못했다고 말한다.

그런 그는 우리 동네 옆에서 태어나고 자랐다.

가끔 그의 집 근처를 지나며 멋지게 살았던 그를 생각한다. 유배 중이던 그의 죄목은 '천주학쟁이'였다. 유배지 강진에서 500여 권의 책을 지었다. 백성을 위하는 마음이 그 일을 가능케 했다. 그가 자식에게 준 말을 토대로 지금처럼 한양 근처에 사는 것에 만족한다면 나도 내 집의 주인이 될 것이다.

44

개미와 베짱이

이솝 우화에 「개미와 베짱이」란 이야기가 있다.

개미는 여름에 열심히 땀을 흘리며 일하는데 베짱이는 그늘에서 한가하게 노래만 불렀다. 그렇게 시간이 흘러 추운 겨울이 되었는데 개미는 양식을 많이 준비하고 따뜻하게 있지만 베짱이는 먹을 것이 없고 추워서 개미네 집으로 도움을 청하러 온다. 아아, 그래서 열심히 노력하고 일을 해야 한다. 그래야 배부르게 먹고, 따뜻하게 지낼 수 있다. 이것이 어릴 때부터 내가 아는 개미와 베짱이 이야기다.

요즘 버전은 다르다.

베짱이는 콘서트를 열어서 공연을 하여 돈을 받고, 곡식도 얻을 수 있다. 또 추운 겨울에도 공연을 할 수 있다. 그러면 아마 개미보다도 더 부자가 될 것이다.

요즘 사고방식답다.

이것은 마치 요즘에는 육체적인 노동만 하여서는 부자가 될 수 없는 것과 같다. IT, 금융 시대답게 그에 맞는 경제활동을 해야만 이익을 얻을 수 있다. 나이 많은 세대에게는 이런 것이 게으름으로 보일 수도 있다. 힘들게 일을 해야지 어찌 책상에만 앉아서 돈을 벌 수 있다는 말인가.

「리비우스 로마사」를 읽다가 그 방대함과 세밀함에 놀랐다.

기원전 30년경에 쓰기 시작한 그의 글이 지금 이 시대에도 인정을 받는다. 그의 문장력을 칭찬하는 글을 보고 읽기 시작했는데 과연 심혈을 기울여 쓴 작품답다.

로마 사람들이 쓴 글은 화자들이 연설하는 것이 많이 나온다.

리비우스 것이나, 요세푸스 것이나 그런 특징들이 있다. 그래서 수사학이 발달했나 보다. 그런 연설을 따라가다 보면 그 연설에 빠져들기도 한다. 「리비우스 로마사」 1권에서 '위장'에 대한 부분을 읽다가 무릎을 쳤다. 어떻게 2000년 전의 이 사람들이 이런 원리를 알았을까 싶다. 특히 영양분에 관한 언급이 놀랍다.

원로원 의원들에게 반발하던 군인들은 도시에서 5km 떨어진 곳으로 가서 진지를 구축했다.

그들에게 메네니우스 아그리파가 '위장'에 관한 이야기를 한다. 신체의 기관들은 위장은 아무것도 하지 않고 좋은 것만 즐긴다고 생각했다.

그래서 손은 음식을 가져다주지 않고 입은 음식을 받아들이지 않고 이는 씹지 않았다.

그래서 모든 신체 기관은 굶어 죽었다.

메네니우스는 이런 신체 기관들의 반란 이야기를 정치 상황에 적용하면서, 평민이 통치 계급에 분노하는 것은 이와 비슷한 상황이라고 지적했다. 그의 이야기는 너무나 그럴듯해서 병사들의 분노가 많이 누그러졌다. 육체적, 정신적인 일의 분량에 따라 사람을 판단하는 것이 옳은가? 어떤 사람이 이렇게 말하는 것을 들었다.

"목사님은 일주일에 한 번만 설교하면 되는데 왜 날마다 교회에 출근하세요? 6일 동안은 할 일이 없어서 좋겠습니다."

그렇게 보일 수도 있겠다 생각하고는 혼자 웃었다.

늙은 부모의 존재는 막강하다.

누가 그 존재를 가벼이 대할 수 있겠는가? 부모는 존재 자체로 힘을 발휘한다. 누가 주식에 빠지고, 코인에 빠지는 젊은이를 구세대의 잣대로 잴 수가 있겠는가?

나는 베짱이는 무조건 게으르고, 지혜가 없다고 생각했다.

부지런한 개미가 되어서 겨울에 따뜻하고 배부르게 지내야겠다고 생각했다. 그것은 우리 세대의 생각이다. 부지런함은 개미에게도 필요하고, 베짱이에게도 필요하다. 부지런함의 방법은 다를 수 있다.

선과 악, 이분법적 사고는 자칫 다른 사람을 냉정하게 대할 수 있다. 나도 차라리 콘서트를 하는 베짱이가 되고 싶다.

45

건포도와 포도즙

신문에서 보고 일본 유명 작가들의 수필집을 샀다.

반 고흐가 가난하여 고통을 당한 것처럼 19세기와 20세기 초반에 살았던 일본 사람들은 참 가난하다. 그들이 느낀 계절에 관한 수필들이다. 산업혁명 이전에 이 세상에 살았던 사람들은 가난의 굴레를 벗지 못했다. 섬세한 필치로 그려진 작가들의 글을 읽으며 국적을 초월하여 사람들은 참으로 사랑스러운 존재라고 느꼈다. 그들 중에 가타야마 히로코가 1948년에 발표한 「건살구」라는 글을 읽었다.

그녀는 건살구를 먹으며 건대추, 건무화과, 건포도를 떠올린다.

'뜨거운 나라 산물이니 동방의 현자들이 별에 이끌려 유대 베들레헴으로 갈 때에 그리스도 탄생 선물로 가져가지 않았을까 생각한다'라고 했다. 그녀는 솔로몬과 세바 여왕이 서로 사랑하는 것을 상상하면서 아가서의 말씀을 이야기한다. 그들이 온종일 이야기를 나눈 궁전 바닥은 초록색이었다고 적혀 있었다. 그다지 음식을 먹지도 않은 채 그저 건살구를 먹고, 건포도를 먹고, 시원한 과즙을 조금씩 마시며 밤낮 대화를 이어갔을 것이라고 썼다. 처음으로 듣는 말이다. 솔로몬이 세바 여왕과 건포도를 먹었다? 궁전 바닥이 초록색이었다?

열왕기상 10장, 역대하 9장은 솔로몬의 궁전에 대하여 말하는데 궁전 바닥이 초록이란 말은 없다. 흠정역으로 아가서를 보았다.

1장 16절에 **"우리의 침상은 푸르며"**라는 말이 있다. 'our bed is green'이다. 이 말로 궁전 바닥이 초록이라고 했나 보다.

또 2장 5절에는 **"큰 포도즙 병으로 나를 지탱하시오며 사과로 나를 위로하소서. 사랑으로 인하여 내가 병이 났나이다"**라고 적혀 있다. 'Stay me with flagons'다. flagon은 포도주 등을 담는 손잡이가 달린 큰 병이다. 건포도가 이해가 되지 않아서 개역 성경을 찾아보았다. **"너희는 건포도로 내 힘을 돕고"**라고 되어 있다. 영어로 'raisins'다. 건포도와 포도즙은 얼마나 큰 차이인가?

설마 솔로몬이 사랑하는 사람과 이야기를 나누며 건포도를 먹었겠는가? 상상해보니 어이가 없다. 가타야마 히로코는 아가서에 나오는 연인을 세바 여왕과 솔로몬으로 이해하고 있다. 아가서와 세바 여왕은 하등의 상관이 없다. 포도원지기를 해서 살갗이 까맣게 탄 술람미 여인이 주인공이다. 그녀는 시골뜨기다. 어린 여자다. 세바 여왕과는 모든 것이 다르다.

솔로몬이 세바 여왕과 이야기할 때는 포도즙을 마셨을 것이다. 솔로몬은 은을 하찮은 것으로 여겼고, 왕이 마시는 모든 그릇은 금으로 되었다고 했으니 금잔에 포도즙을 따라 마셨으리라. 솔로몬이 술람미 여인과 사랑의 밀어를 나눌 때도 건포도를 먹지는 않았을 것이다. 향기로운 음료를 마시지 않았을까?

아가서는 유대인들이 유월절 기간 중 안식일에 읽는다.

유대교에서는 아가서를 하나님과 이스라엘의 관계로 보고, 기독교에서는 그리스도와 그의 신부인 교회의 사랑이라고 한다.

아가서의 사랑은 절절하다.

"당신의 사랑은 포도즙보다 더 낫나이다."

"사랑으로 인하여 내가 병이 났나이다."

"나의 사랑, 나의 어여쁜 자야."

"네 목소리는 달콤하며 네 얼굴은 아름답도다."

"네가 내 마음을 빼앗았구나."

"참으로 그분은 모든 것이 사랑스럽도다."

"네가 어찌 그리 어여쁘고 어찌 그리 상냥하여 기쁨을 주는가!"

"나는 나의 사랑하는 이의 것이요."

"그분의 열망이 나를 향하는도다."

어떻게 포도즙이 건포도로 바뀌었을까?

킹 제임스 성경은 다수 사본을 본문으로 하고, 개역 성경은 소수 사본을 본문으로 했기에 그로부터 온 차이일 것이다. 또 문자적 해석이 아닌 의역의 산물이 아닌가 싶다. 히로코는 자신이 생각한 초록 궁전 바닥과 건포도를 먹는 솔로몬을 죽을 때까지 간직하였을 것 같다. 사람의 생각은 한번 각인이 되면 바뀌지 않는 법이다. 그녀는 상상을 덧붙인다. 여왕이 고향으로 돌아가는 날, 전망대에 오른 솔로몬은 아스라이 멀어져 가는 그녀를 보며 슬픔에 젖었을 거라고…

46

기타

악기 중에 가볍고도 감미롭게 들을 수 있는 것이 기타가 아닌가 싶다. 남편은 가끔 기타를 꺼내서 노래를 부르곤 한다.

그것이 요즘에는 뜸하더니 다시 그 소리를 듣게 되었다.

이제 백일이 되어가는 손녀를 재우며 자장가를 겸해서 부르는데, 은근히 그 시간이 기다려진다. 아이는 노래를 부르면 잠을 잘 잔다. 두 눈을 끔벅거리다가 금세 잠의 나락으로 떨어진다.

요즘에야 하는 말이지만 결혼 전에 나는 남편의 노래를 즐겁게 들었다. 남편이 정말 노래를 잘한다고 생각했다. 요즘에 내가 남편의 노래를 들으며 "내가 예전에 그렇게 반할 정도로 노래를 잘한 것은 아닌 것 같다"라고 했더니 "속았어?"라고 한다. 이만큼 살다 보니 에로스 사랑이 증발해버렸는지도 모른다. 노래를 듣는 내 귀가 많이 뚫렸나 보다. 사람을 판단하는 데에 천재가 되어가더니….

그 기타는 클래식 기타인데 따지고 보니 가보로 남을 만하다.

내 결혼 선물로 시골에 살던 언니는 나에게 선풍기를 사라고 3만원을 보내주었다. 그것은 그때 선풍기 한 대 값이었다. 지금 선풍기

값은 별로 변한 것 같지 않은데 기타 값은 비싸다. 그 시절에 비하면 요즘 선풍기는 비싼 것도 아니다.

에어컨은 꿈도 못 꾸었지만 선풍기 하나쯤은 가지고 있어야 여름을 날 수 있었는데, 나는 그 돈을 미련도 없이 남편에게 주어 기타를 사게 했다. 그리고 날마다 그가 부르는 노래를 들었다. 그것은 가난한 우리를 한없는 행복으로 인도하였다. 나는 항상 듣는 쪽이다.

복음성가 부르다가, 찬송가 부르다가, 가곡도 부르다가, 로망스 한 번 튕기고, 트로트 반주 한 번 하다가 폭소를 터뜨리고서는 끝났다. 그 기타가 벌써 35년도 넘었다. 기타 줄이 끊어져서 일 년을 방치했는데 다시 줄이 이어졌다. 물건이라는 건 사람의 기억을 불러 일으킨다. 악기는 배워두면 오랜 세월이 지나도 손이 저절로 연주를 한다. 요리하는 사람도 도마 위에서는 무의식적으로 칼질을 한다.

컴퓨터 자판 위의 손도 저절로 움직인다. 운동을 하는 사람도 몸이 저절로 움직인다. 내 몸이 무엇인가를 오랫동안 반복을 하면 몸이 그 읽었던 것을 기억하고 저절로 다시 재현한다.

시편 137편에는 바빌론에 끌려간 이스라엘 백성들에게 바빌론 사람들이 강변 버드나무에 걸어놓은 하프로, 시온의 노래 중 하나를 하라고 요구하는 장면이 나온다.

이스라엘 백성들은 **"오 예루살렘아, 내가 너를 잊는다면 내 오른손이 자기 솜씨를 잊기 원하노라"**라고 말한다.

바빌론 강변에서 노래를 요구받았던 이스라엘 민족은 나라 잃은

한이 있었다. 바빌론 사람들이 그들에게 노래를 요구했을 때, 그곳에 잡혀 온 비극을 생각하며 울었으리라. 강이라고는 요단강과 실개천 같은 얍복강 정도만 있던 그들은 넓고도 넓고, 많고도 많은 바빌론의 강가들에서 사무치게 그들의 고국을 그리워하지 않았을까?

예루살렘을 잊는다는 것은 그들에게 견딜 수 없는 것이었다. 고국으로 돌아가야만 한다는 일념이 그들에게 있었다. 바빌론 사람들의 요구에 비굴함을 느꼈던 그들은 절규한다.

붉은 색깔 기타를 서재 한쪽에 얌전하게 세워놓고는 꼭 그 자리를 지키게 한다. 어제 산 것 같은 우리 집 기타는 세월의 흔적이 없다. 끊어지는 기타 줄을 부단히도 갈았던 탓이리라. 많은 기타 줄이 바뀌었지만 소리는 그대로다. 기타도 말하는 것 같다.

"내 솜씨를 잊을 소냐?"

모든 기술은 몸이 기억한다. 그 변할 수 없는 기억 속의 기술을 꼭 익힌 그만큼만 한다. 남편의 연주 솜씨도 딱 그때 그만큼이다.

사실, 내 듣는 실력도 딱 그때 그만큼이다.

47

티라미수

기분이 우울하면 단것이 먹고 싶어진다.

단것을 먹으면 왠지 힘이 난다.

요즘에는 어느 카페에 가든지 빵과 케이크가 있다. 카페에 갈 때는 그곳에 케이크가 있는지 확인하고 간다. 커피만 마시기에는 허기진 기분을 채울 수가 없을 것 같아서다. 그곳에서 무언가를 씹어 목으로 넘기면 시간도 맛있게 넘어간다. 그중에서도 나는 티라미수 케이크가 가장 좋다. 부드럽고 달달한 것이 눈을 사르르 감기게 한다.

로마에서는 아이들이 시험을 보고 와서 우울할 때 엄마들이 티라미수 케이크를 사먹인다고 한다. 티라미수는 '나를 위로 끌어 올린다'라는 뜻이란다. 정말 그것을 먹으면 내가 위로 끌어 올려진 기분이다.

코코아 파우더, 에스프레소 커피, 마스카포네 크림 치즈로 만든 이것은 밑바닥에 에스프레소를 적신 스펀지 케이크를 깔고 달걀 노른자, 마스카포네, 설탕 등을 섞어 그 위에 올린 뒤 코코아 파우더를 뿌리면 완성된다. 이탈리아에 가서 깜짝 놀란 것은 이탈리아 커피가 너무 맛있다는 것이다. 그곳 사람들처럼 단숨에 홀짝 마셔본 에스프레소도 맛있고, 호텔 조식에 나온 커피도 맛있다. 터키에서 호텔 조식에 나온 커피를 마시고서는 약간 실망했다. 커피는 역시 스타벅스가 자리를 잡지 못하는 이탈리아가 최고다. 커피 몇 잔 마시고 왈가왈부하는 것 같지만 모두 다 그렇다 하니 그럴 것이다.

우리나라도 커피가 맛있는 집이 여기저기 있다.

겉만 번지르르하고 실속 없는 집도 있지만 허름한 집이 맛있는 커피를 팔면 왠지 포근한 느낌이 든다. 디카페인을 자주 마시는 나는 커피 맛을 논할 수는 없다. 요즘에는 부드러운 크림을 잔뜩 올린 아인슈페너에 꽂혔다. 그것은 차가운 것도 있고 뜨거운 것도 있지만 이런 차가운 날씨에는 뜨거운 것이 일품이다. 잠실 전철역 앞에서 맛있는 아인슈페너를 찾았다. 부드러운 크림과 커피를 홀짝거리다가 그날 밤, 날을 홀딱 세웠다.

커피는 추출하는 방식에 따라 신맛이 있기도 하고, 고소한 맛이 있기도 하고, 바디감이라는 게 있기도 하다.

나는 그 바디감이라는 것이 무엇인지 아직은 모른다.

커피에 대한 자부심을 가지고 있는 웬만한 카페는 디카페인이 없다. 커피의 진짜 맛은 신맛이라고 한다. 제주도에서 바리스타가 "신맛이 있게 할까요? 없게 할까요?"라고 물어보았다.

그는 미국에서 공부하고 왔다고 자랑스럽게 말했었다.

물론 나는 맛있게 마실 욕심에 "없게 해주세요"라고 했다. 그게 그런 이야기였다. 한의사가 나는 태음인 체질이라 한다.

커피는 태양인과 소양인들을 위한 음료라는데 건강에 관심을 가지면서도 그 말은 무시한다. 체질에 따라 커피를 마시면 요즘 우리나라 카페들은 쇼크를 받을 것 같다. 커다란 은행나무와 한강 물을 가지고 있는 우리 동네 카페에 가려면 커피와의 인연을 끊어서는 안 된다.

양평으로 가는 길에 있는 커다란 카페는 커피가 맛있다.

그 집에 가면 치즈케이크도 맛있고, 초코케이크도 맛있고, 티라미수도 맛있다. 요즘에는 밤에 주문하면 새벽에 도착하는 티라미수도 괜찮다. 대단한 커피 마니아가 아닌 나는 촌스럽게도 커피 아닌 다른 것을 앞에 놓아야 직성이 풀린다.

그러고 보니 성경에는 "맛있게 먹었다", "맛있게 마셨다"라는 말이 없다. 이런 말들이 있으면 사람들이 성경을 더 많이 보지 않을까?

불경스러운 내 말에 나도 웃음이 난다. 오늘같이 조금 음산한 날은 나를 높이 끌어올려 줄 무언가가 필요하다. 그것은 사람일 수도 있고, 물건일 수도 있다. 아니, 눈을 사르르 감기게 하는 티라미수가 어떨까?

그대,
당신의 기쁨과 슬픔을
그분이 아십니다

제5장

부활

48

그리스인 조르바

니코스 카잔차키스는 크레테 섬에서 태어났다. 터키 지배하에서 기독교인 박해 사건과 독립 전쟁을 겪으며 어린 시절을 보냈다. 그는 그리스 민족 시인 호메로스에 사상적 뿌리를 두고, 자유를 찾으려는 투쟁이야말로 동서양 사이에 위치한 그리스의 역사적인 업적임을 깨닫는다. 그는 파리에서 앙리 베르그송과 니체를 접하였고, 불교 사상은 그에게 큰 영향을 끼쳤다. 그의 또 다른 작품은 신성 모독했다는 이유로 그리스 정교와 로마 가톨릭으로부터 파문을 당하기도 했다. 마치 톨스토이가 「부활」에서 러시아 종무원으로부터 러시아 정교를 모독했다는 이유로 파문당한 것처럼.

「그리스인 조르바」는 계속 상황을 설명하며 감정을 쏟아내는 '나'와 '조르바'가 주인공이다. 크레테 해안에 폐광이 된 갈탄 광산 한 자리를 빌리고 그 광산을 향해 떠나는 것으로 이야기는 시작된다. 나는 피레에프스 항구에서 조르바를 만난다. 조르바는 움푹 들어간 뺨과 강인한 턱, 튀어나온 광대뼈, 회색 곱슬머리에 밝고 날카로운 눈동자를 가졌다. 조르바는 나에게 "당신이 들어보지도 못하고 생각해 보지도 못한 스프를 끓여주겠다"라고 말하며 나와 함께 동행하게 된다. 조르바는 터키군을 상대로 독립 전쟁을 했다. 독립군이 되어 사기를 치고, 훔치고, 죽이는 짓들을 했는데 그 때문에 자유가 왔다고 한다. 그는 얼마나 많은 살인을 저지르고 사기를 쳤는지 나에게 말해 준다.

조르바는 어릴 때 산투르 소리를 듣고 그 소리에 매료되어서 터키인에게서 산투르를 배운다. 그는 어디를 가든지 그 산투르를 가지고 다니며 그 산투르를 켠다. 그리고 그는 높이높이 솟아오르는 원시적인 춤을, 아무도 따라 할 수 없는 춤을 춘다. 그들이 크레테에 도착하여 여인숙을 하는 오르탕스 부인을 만나면서 그곳에서의 삶이 시작된다. 오르탕스는 빛바랜 황갈색 머리에 키가 작고 몸집이 통통하며 안짱다리다. 턱에는 털이 돋아난 점이 있고, 목에는 짙은 붉은색 리본을 돌려 감고, 쭈글쭈글한 뺨에는 자줏빛 분 자국이 두드러진 여자다. 조르바는 그 여자에게 돈키호테처럼 달려들어 아름답다고 찬사를 보내며 그 여자를 조롱하기도 하고, 사랑하기도 하면서 나중에는 그들 식으로 결혼도 한다. '나'는 그곳에서 탄광 일은 하지도 않고 모든 것을 조르바에게 맡긴다. 조르바는 인부들을 지휘하며 목재를 나르기 위해 철탑과 케이블, 도르래를 설계하여 실험하지만, 그 실험은 실패로 끝나고 나와 조르바는 그곳을 떠난다.

소설에서는 크레테 섬의 수도원이 나온다.

종교에 대한 허무와 종교인들에 대한 민낯도 드러내며 주민들이 종교에 젖어 사는 모습을 그려낸다. 물론 그들의 종교는 그리스 정교다. 마을 주민들은 죽어가는 오르탕스 부인의 집에 와서 그녀가 죽기도 전에 그 집의 살림살이를 훔치는 데에 혈안이 되는데 그 장면은 이 소설에서 가장 실감이 나게 그린 장면 같다. 그러면서도 주민들은 신부를 앞세우고 성상을 들고 여전히 그들의 삶을 살아간다.

조르바는 결혼해서 자식도 있었지만 그의 말대로라면 결혼이란 걸 수백 번도 더한 남자다. 그리스와 터키, 불가리아, 러시아를 돌아다니면서 가는 곳마다 여자들을 만난다. 그는 '나'를 떠나서도 러시아 여자를 둘이나 만나서 잠깐씩 산다. 자유분방하기 이를 데 없는 그는 오히려 펜만 잡고 있는 나의 선생 같기도 하다. 조르바는 나중에 그의 아끼는 유품인 산투르를 나에게 남긴다.

조르바는 많은 여자들을 만나고, 사람을 죽이고, 사기를 치는 사람이었지만 그에게서 인간의 연약함과 자유, 삶의 무게와 근원적인 어떤 것을 발견한다. 모든 예술 작품의 주인공은 독자의 관심과 호의를 입는다. 조르바는 결코 미워할 수 없는 호감이 가는 인물이다. 그는 정말 거침없고, 마음이 넉넉하고, 모두를 아우를 수 있는 사람처럼 느껴진다. 나는 이 소설을 읽으면서 사람들은 조르바와 같은 자유로운 삶을 부러워하며 사는 것은 아닐까 생각했다.

사람들은 인간의 굴레와 관습과 제약을 파괴하고자 하는 마음이 있다. 책을 읽고 난 지금도 나는 내가 크레테의 밤하늘 밑에서, 해안의 자갈에 누워 쏟아지는 별을 보는 느낌이다. 니코스 카잔차키스는 소설을 참 잘 쓴다.

49

곰브리치와 봉준호

「기생충」이라는 영화가 신드롬을 일으켰다.

블랙 코미디로 사회 현상을 풀어내는 봉준호 감독의 연출과 재능은 누구나 인정하는 바다. 똑바로 볼 수 없는 잔혹한 장면들이 없었다면 좋았겠다 싶다.

요즘 영화는 마치 사진을 찍는 것처럼 사실적이다.

옛날 영화들처럼 파스텔톤 영화가 좋지 않을까? 내용은 물론 화면까지도. 오래도록 마음에 남는 것이 작품성이 있는 것이 아닐까? 「벤허」나 「십계」 같은 영화는 지루해서 못 보겠다는 우리 아이들 때문에 약간의 문화충격이 있었다. 세대 차이라 하기에는 좀 떨떠름하다.

사람들은 「기생충」이 가난한 사람과 부유한 사람들과의 계급 갈등을 나타낸다고 한다. 어떤 사람들은 그 내용이 가난한 사람이 부자를 탈취하여도 된다는 공산주의적인 사상을 나타내는 좌파적인 영화라고도 한다.

어떤 목사님이 그런 주장을 하는 것을 보았는데 나는 그렇게 생각하지는 않는다. 세상에는 가난한 사람도 있고, 부유한 사람도 있지만 어우러져 살다가 우발적인 사건을 일으킬 수도 있다고 생각한다. 부자나 가난한 자나 생활의 정도는 다르지만, 연약하고, 갈등 속에 사는 인간 군상들로 읽힌다.

영화평에는 연출가가 가난과 부를 수직적인 계단과 냄새로 표현한다고 하였다. 가난한 주인공들이 사는 반지하와 부잣집 지하실과, 거실과, 위층으로 올라가는 계단과, 그 집으로 올라가는 높다란 골목길이 그렇다. 벌레가 있는 지하실에 사는 사람들은 통풍이 되지 않는 꿉꿉한 냄새가 몸에 배어 있다.

주인집 꼬마가 송강호네 식구들에게서 나는 냄새의 공통점을 찾게 되고, 거실 소파에 있던 주인 남자는 거실 탁자 밑에 있던 자기 운전사의 냄새를 맡고 기억한다. 수해로 집이 잠겨서 수재민의 옷을 입은 운전사에게서 주인 여자는 역한 냄새를 맡는다.

어떤 사람은 냄새로 가난을 표현했다며 감독을 칭찬했다.

요즘 에른스트 곰브리치의 「곰브리치 세계사」를 읽다가 417페이지에서 '가난한 사람들의 냄새'라는 구절을 읽었다.

깜짝 놀랐다.

이 부분을 읽으면서 혹시 봉준호 감독이 곰브리치의 세계사를 읽은 것은 아닐까 생각했다. 산업화가 시작되었던 도시에서는 대다수의 서민들이 환기가 되지 않는 셋집에 살았고, 수도 시설도 각 층에 하나뿐인 경우가 허다했다고 한다. 그에 비해 중산층의 가정에는 대개 요리사 한 명과 하녀 한 명이 있었고, 유모까지 두고 있는 경우도 있었다.

곰브리치는 대학생이 되어 베를린으로 갔을 때 대문 옆에서 종종 '주인 전용 출입구'라는 팻말을 보고 화가 났었다고 한다. 고용인과 배달부들은 뒷문으로 드나들어야 했고 무거운 짐을 나를 때도 승강기를 사용할 수 없었다. 요즘 서울의 부자 아파트에는 택배 기사만 사용하는 엘리베이터가 따로 있다고 한다.

신명기 15장 11절에는 **"가난한 자가 그 땅에서 결코 그치지 아니할 것이므로"**라는 말씀이 있다. 인류는 구약 시대에도 가난한 자가 그치지 아니하였다. 공산주의는 그 가난을 타파하고자 평등과 분배를 외쳤지만 그 공산주의자들도 결국 무너졌다.

구약에서는 많은 가난한 자가 나온다. 하나님은 맷돌 뒤에 있는 여종의 아들과, 이삭을 주워야만 하고, 밭 한 귀퉁이의 곡식을 거두어야 하고, 따다 남은 올리브를 주워야 하는 사람들을 위하여 이스라엘 백성에게 긍휼을 부탁한다. 죄가 인류와 함께 가듯 가난도 이 세상 끝까지 갈 것이다.

아이러니는 창세기의 족장들은 모두 다 하나같이 기이한 도우심을 얻은 부자들이라는 데 있다. 앞으로도 부자와 함께 가난한 자들은 이 세상이 끝날 때까지 그치지 않을 것이다.

에스더서 2장 12절에는 에스더가 아하수에로 왕에게로 갈 때, 그 몸을 어떻게 단장했는지 나온다. 왕에게로 가기 위하여 일 년을 준비하는데 여섯 달 동안은 몰약 기름을 쓰고, 여섯 달 동안 향수와 여인들을 정결케 하는 데 필요한 다른 물품을 써서 그렇게 몸을 정결하게 하는 기간을 채웠다고 했다.

에스더는 피부 깊숙이 향기로 가득했을 것 같다.

향기 그 자체였으리라. 솔로몬의 왕궁에는 향이 넘쳤을 것 같다. 몰약과 유향과 석류와 창포, 번홍화, 알로에, 합환채 등등…. 베다니에 사는 마리아는 매우 값진 나드 향유 한 근을 가져다가 예수님의 발에 붓고, 자기 머리털로 그분의 발을 닦았다.

향유 냄새가 집에 가득하더라고 했다.

아! 성경 속에 향이 있다.

50

나쁜 남자

최명희 작가가 지은 「혼불」은 일제 강점기의 전라도 남원을 무대로 하는 대하소설이다. 청암 부인과 그의 손부인 효원이 탄탄하게 가문을 지키는 가운데 효원의 남편인 강모와 그의 사촌인 강실이가 이야기를 끌고 간다. 강모는 그의 할머니와 부모에 의해 결혼을 하면서도 그의 어릴 적 친구였던 사촌 강실이를 잊지 못한다. 어리기도 했지만 아내에게 정을 붙이지 못하던 강모는 이웃에서 굿을 하던 날 밤에 강실이의 어깨를 쓸어안고 무너진다.

『민들망초의 흰 꽃, 담자색 꽃이 새끼손톱만한 꽃모가지를 부러뜨리며 쓰러진다. 가문 여름의 들판에서 하찮은 비노리풀, 갈퀴덩굴까지도 아우성치며, 꽃대가 부러진다. 그리고 꽃잎이 찢어진다….

허망이란 이다지도 무거운 것이었던가. 내가 무엇을 얻겠다고 이런 일을 하고 말았을까. 얻는 것이 바로 잃는 것임을 내 몰랐구나. 얻으려 안타까이 마음 두고 있을 때는 내 것이었던 것이, 온통 나를 가득 채우고 있던 그것이. 소유하는 그 순간에, 돌처럼 차디차게 식어 버린 덩어리로 내 속에서 빠져나가는 것을, 내 미처 몰랐었구나. 강모는 이렇게 생각하며 웅크리고 앉은 채 두 손을 무릎에 깍지 끼고 캄캄한

밤하늘을 올려다보았다.』 -「혼불」 내용 중 발췌

그 후로 그는 방황하다가 만주로 떠나 버린다. 강실이는 이 일 때문에 천민인 춘복에게 다시 강간을 당하고, 그의 아이를 임신하고 집을 떠나야만 하는 신세가 된다. 연둣빛 저고리와 분홍치마를 입었던 강실이는 양반 집 처녀에서 용서받지 못할 여자가 되어 버린다.

남자 때문에 인생을 망친 여자의 이야기는 성경에도 있다.

사무엘하 13장이다. 다윗의 아들 압살롬에게 아름다운 누이 다말이 있었다. 다윗의 아들 암논이 그녀를 사랑하였다. 그는 누이 다말로 인하여 심히 괴로워서 병이 들었다. 그는 사촌인 요나답의 간교한 제안을 받아들인다. 침상에 누워 병든 체하다가 아버지인 다윗이 오자 이렇게 말한다.

"누이 다말이 와서 내 눈앞에서 납작한 빵 두 개를 만들게 하사

내가 그녀의 손에서 먹게 하옵소서."

다윗은 다말에게 암논의 집에 가서 음식을 차리라고 한다.

다말이 음식을 쏟아 놓았으나 암논이 먹기를 거절하며 모든 사람을 나가게 한 후에 다말에게 음식을 가지고 침실로 들어오라고 한다. 암논은 다말을 강제로 욕보인 후에 그녀를 심히 미워한다. 그녀를 미워한 그 미움이 전에 그가 그녀를 사랑하던 그 사랑보다 더 컸다. 암논은 다말을 내보내고 문을 빗장으로 잠그고 만다. 채색옷을 입었던 다말은 자기 머리에 재를 뒤집어쓰고, 입었던 채색옷을 찢고, 손을 머리 위에 얹고 크게 울며 갔다. 그리고 오라비 압살롬의 집에서 처량하게 지냈다.

강실이를 범했던 강모도, 다말을 욕보였던 암논도 자신의 책임을 지지 않았다. 강모는 픽션이고 암논은 팩트지만 그 둘은 모두 나쁜 남자들이다. 한 여자는 인생이 꺾였다. 강모는 사회적인 틀 속에서 질식해 버린 사람이라 할 수도 있다. 그의 사랑은 순수했다고 할 수도 있다. 그러나 조금 더 성숙해졌어야 할 사랑이었다.

다윗이 밧세바에게 행한 사무엘상 11장의 범죄가 사무엘하 13장의 사건을 불러왔다고 성경학자들은 말한다. 나쁜 남자 암논에게 밟힌 처량한 다말은 가슴이 아프다.

최명희의 「혼불」은 조정래의 「아리랑」이나 박경리의 「토지」와 비슷한 부류의 소설이다. 소설 속에 나오는 우리 민족의 관습이나 역사, 지식적인 설명은 「혼불」이 단연 압권이다. 「혼불」의 작가는 17년간이나 이 소설을 썼다. 혼신의 힘을 다한 후에 병을 얻어 이 세상을 떠났다. 이런 수고의 결실을 며칠 만에 읽어버리니 미안한 마음이 든다.

자기가 만들어낸 '나쁜 남자'를 그녀는 '가여운 남자'라고 할지도 모르겠다. 목숨을 바쳐 예술 작품 하나를 만들어내는 작가들은 특별하고 존경할 만한 존재다. 하나의 작품이 '산고'라는 것은 이런 경우를 두고 하는 말일 것이다.

51

톨스토이 「부활」

톨스토이는 삼십 대 후반에 「전쟁과 평화」를 쓰고, 사십 대 후반에 「안나 카레니나」를 쓰고, 육십 대에 「부활」을 썼다.

「전쟁과 평화」는 나폴레옹의 러시아 침략과 러시아군의 반격을 배경으로 쓴 소설이고, 「안나 카레니나」는 안나의 결혼과 삶을 통하여 결혼과 사랑에 대한 통찰이 담긴 소설이다. 「부활」은 그의 말년의 작품으로 인간의 범죄와 속죄, 죽음과 삶의 부당함, 권력과 조직의 폭력에 대한 생각이 담긴 작품이다.

네흘류도프는 대학교 3학년 재학 중에 토지 사유에 대한 논문을 준비하며 고모들 집에서 여름을 보낼 때 카츄사를 만난다.

카츄사를 만난 네흘류도프는 모든 것이 햇살을 받아 환해지는 듯했으며 모든 것이 한층 흥미롭고 즐겁고 의미심장하게 느껴졌다. 카츄사 역시 그가 존재한다는 사실만으로 똑같은 경험을 했다.

그는 3년이 지난 후 장교로 임관한 직후, 군대에 부임하러 가는 중에 고모들 집에 들러서 다시 카츄사를 만난다. 그는 군대 생활을 하면서 이제는 자신의 쾌락만을 소중히 하는 방탕하고 세련된 에고이스트가 되어 있었다.

남자는 욕망에 사로잡혀 카츄사를 범하고는 100루블을 찔러주고 그녀를 버리고 떠난다. 그리고 십 년도 훨씬 더 지난 후에 배심원으로 법정에 나갔다가 살인죄를 뒤집어쓴 카츄사와 다시 재회하게 된다.

카츄사는 방탕하여 거리의 여인이 되고, 살인 누명까지 썼다.

그는 카츄사가 그렇게 된 것은 자기 때문이라고 자책한다. 그리고 카츄사가 자기 아이를 낳았고, 그 아이가 죽었다는 것을 안다. 심한 자책을 받은 네흘류도프는 지금까지의 부도덕한 생활을 정리하고 카츄사의 석방을 위해 노력하지만, 카츄사는 시베리아로 유형을 가게 된다. 그는 자기가 카츄사와 결혼하는 것이 카츄사의 용서를 받는 것이라 생각하고, 자신의 영지를 정리하고 카츄사와 함께 시베리아 유형 길을 떠난다.

그 유형 대열을 따라가면서 온갖 종류의 폭력, 잔인함, 만행을 본다. 그것은 금지되지 않을뿐더러 정부에 유리할 경우 허용되기도 하며, 부자유와 궁핍과 불행 속에 있는 사람들에게는 훨씬 더 쉽사리 허락된다는 생각을 한다. 감옥과 숙박소에서 습득된 일들은 해마다 수십만 명을 타락의 궁극에 이르게 하고, 완전히 타락하면 감옥에서 습득한 타락을 모든 국민들에게 퍼뜨리도록 자유로이 풀려나는 것을 보았다. 그는 그들의 모습을 보면서 그 사람들을 사랑하는 마음을 갖게 된다.

시베리아로 유형을 가는 중에 만난 정치범 시몬손이 카츄사를 사랑하게 된다. 그는 겸손하고 사람을 대할 때 몹시 쑥스러워했다. 그러나 무언가를 결심하면 그 무엇도 그를 막지 못했다. 이런 비범한 남자의 마음에 사랑을 일으켰다는 자각이 카츄사의 자존감을 높여 주었다.

시몬손은 현재 그녀의 모습 그대로를 사랑했다.

그리고 그 때문에 그녀는 자신이 좋은 사람이 되기 위해 노력했다. 나중에 시몬손은 네흘류도프에게 자신은 카츄사가 많은 고통을 겪은 아름답고 보기 드문 인간이기에 사랑한다고 말한다. 그리고 그녀의 처지를 편하게 해주고 싶다고 말한다.

카츄사는 묘한 사시 눈빛과 슬픈 미소를 지으며 네흘류도프에게 용서하라고 말한다. 그리고 그를 떠난다. 네흘류도프는 후에 그녀가 그를 사랑했고, 자기와 얽히면 그의 인생이 망가지니 시몬손과 함께 떠나 그를 자유롭게 해주겠다고 결심한 것을 알게 된다.

사회의 질서가 전반적으로 유지되는 것은 다른 사람들을 재판하고 처벌하는 이런 합법적인 범인들이 있어서가 아니라, 그런 타락에도 불구하고 사람들이 서로 동정하고 사랑하기 때문이라고 네흘류도프는 깨달았다.

마태복음의 산상수훈을 읽으면서 그는 새로운 세계로 들어선다.

톨스토이는 자신의 삶을 네흘류도프를 통해 말한다.

그는 3년 동안 방탕한 생활을 했다. 새로운 농업 경영과 농노 계몽을 위해 일하려 했으나 실패했다. 삶에 대한 회의에 시달리며 정신적 위기를 겪었다. 「부활」은 「전쟁과 평화」와 「안나 카레니나」 같은 소설에 비해 더 사회적인 문제를 이야기하고, 그에 대한 깊은 통찰이 있다.

나이가 들수록 사회를 보는 눈이 깊어지기 때문일까?

그는 「부활」에 러시아 정교를 모독하는 표현이 있다는 이유로 종무원에서 파문을 당했다. 사유 재산과 저작권 포기 문제로 아내와 불화를 겪었다. 원대한 뜻을 품은 남자들이 가정에 충실하기가 쉽지는 않다. 그와 그의 아내 사이에 잦았던 가정불화와 가출도 그런 이유 때문이리라.

이 책은 그 당시에 잡지에 연재되었다. 「닥터 지바고」를 쓴 보리스 파스테르나크의 아버지가 삽화를 그렸다. 그래서 그런지 생각보다 술술 읽힌다. 최신판이라 편집도 좋다. 겨울로 접어드는 시점에 러시아 문학 하나를 보게 되어 흐뭇한 시간이었다.

52

도스토옙스키 「죄와 벌」

이제는 아무 책이나 읽기에는 시간이 아깝다.

그래도 고전을 읽으면 후회가 없어서 서점에 가면 고전 명작이 있는 서가에서 머뭇거린다. 한 달쯤 전인가 보다. 목이 아프게 고개를 젖히고 책을 훑어보는데 어떤 아저씨도 내 옆에서 책을 찾다가 말했다.

『「소피의 선택」을 읽어보시죠. 폴란드 여자가 아우슈비츠에서 아들과 딸 중에서 가스실로 보내는 아이를 하나 선택해야 하는 이야기가 나옵니다. 아니면 도스토옙스키의 「카라마조프가의 형제들」을 읽어보시죠.』

"도스토옙스키는 좀 우울하잖아요?"

내가 도스토옙스키를 좀 더 잘 알았더라면 그렇게 말하지 않았을 텐데….

「소피의 선택」은 퓰리처상을 받은 윌리엄 스타이런의 작품이다.

소피는 폴란드에서 미국으로 온 후에 마약과 폭력에 찌든 연인 네이선을 떠날까 말까 고민한다. 네이선은 가난과 병에 찌든 소피를 구해주었다. 주인공 화자인 작가 스팅고는 인종 차별주의를 비판하는 소설을 쓰려고 한다. 하지만 생활고 때문에 할머니가 흑인 소년을 판 돈을 아버지로부터 물려받는다. 수용소 앞 기차역에서 소피에게 선택을 강요했던 군의관은 자신의 의술을 선이 아닌 파멸에 쓴다. 그는 사람들을 가스실과 수용소로 나누어 보내면서 타인의 삶과 죽음을 결정하는 입장에 선다. 스타이런은 '삶은 선택의 연속이지만 결코 온전할 수 없음'을 말하고 있다.

드라마로 말한다면 톨스토이는 잘 사는 부자나 권력을 가진 사람들을 주인공으로 쓰고, 도스토옙스키는 가난하고 병든 사람들을 주인공으로 쓰는 셈이다. 즐거움이나 인기로 본다면 당연히 톨스토이다. 그런 느낌 때문에 나도 도스토옙스키를 즐겨 보지 않았다.

그런데 이번에 그의 책 「죄와 벌」이 한정판으로 출간되었다. 도스토옙스키를 자기의 '소울메이트'라고 하면서 그에게 푹 빠진 한 여자가 번역하였다. 그녀의 정열적인 기사를 보고는 그 책을 꼭 사야겠다고 결심했다. 소냐의 초록색 숄을 나타내는 진녹색 가죽 장정 책을 수소문해서 샀다. 유광 24k 금박이 둘린 그 책은 자그마치 22만 원이고, 100권 한정이다. 고유번호 3번을 받았다.

밤이고 낮이고 가지고 다니면서 틈만 나면 읽었다. 작은 글씨로 빽빽하게 876페이지다. 라스콜니코프의 분신처럼 활자를 따라다녔다. 그리고 부호 하나까지도 원문을 손상하지 않은, 술술 읽히는 '힙한' 번역에 매료되었다. '힙하다'라는 말은 고유한 개성과 감각을 가지고 있으면서 트렌디하고 신선할 때 쓰는 요즘 표현이라 한다.

가난한 법대생 라스콜니코프는 당대 유행하던 서구 사상에 물들어 있었다. 학교도 그만둔 상태에서 이런저런 공상 속에서 산다.

그는 사회악이라 생각되는 전당포 노파와 우연히 그곳에 들어왔던 노파의 동생을 죽이고 양심의 가책을 받는다. 라스콜니코프는 학교에서 논문을 썼는데 거기에는 평범한 사람과 비범한 사람이 나온다. 비범한 사람들은 인류에게 유익한 사상을 수행할 때 필요한 경우에 한하여, 어떤 장애라도 뛰어넘도록 자기 양심에 허락할 수 있는 권리를 갖는다고 하였다. 그래서 그가 해로운 이와 같은 전당포 노파를 죽이는 것은 정당하다고 생각했을지도 모른다.

죄의 원어적인 의미는 '과녁이 빗나간 것'이라고 배웠다.

러시아어의 의미는 '넘어서는 안 되는 경계를 넘는 것'이라 한다. 죄는 국가나 정부 기관이 규정한 법률적인 죄와 도덕, 종교에 의한 죄가 있다. 전자를 어기면 범인criminal이 되고, 후자를 어기면 죄인sinner이 된다. 우리가 기도할 때 말하는 죄인은 sinner이다. 작가의 분신이 라스콜니코프다. 공리주의, 니힐리즘, 무신론과 서구 사상에 물들어서 신에게서 멀어져 간 것이 그가 말한 죄다. 법률 앞의 죄는 사람에 따라서는 다르게 해석될 수도 있다. 신의 진리는 인간의 이성이나 논리로 얻을 수 없다. 누가 살아야 하고, 누가 살아서 안 되는지는 인간이 결정할 일이 아니다.

라스콜니코프는 주정뱅이 아버지와 히스테릭한 새어머니와 세 명의 이복동생을 부양하기 위해 거리로 나선 소냐를 만난다. 소냐는 창녀의 상징인 황색 감찰을 받는다. 도스토옙스키는 그녀를 라스콜니코프에게 구원자로 등장시킨다. 모든 것을 희생하는 소냐는 그리스도를 상징한다. 소냐의 방에서 매춘부와 살인자인 그들은 요한복음 11장을 읽는다. 소냐는 나사로의 이야기를 읽는다.

음울한 배경인데도 가슴이 설레는 장면이다.

부활한 나사로의 이야기는 장차 주인공이 새로운 사람이 될 것을 상징한다. 라스콜니코프는 소냐 때문에 자수를 하고 시베리아로 유형을 간다. 소냐도 함께 유형을 간다. 그곳에서도 그는 높은 마음의 장벽을 쌓는다.

어느 날 높다란 강변에 홀로 앉아 있던 라스콜니코프 앞에 초록색 숄을 두른 소냐가 나타나고, 그는 울면서 그녀의 무릎을 부둥켜 안는다. 사랑이 그들을 부활시켰다. 메마르고 건조하여 항상 쓰러질 것 같은 라스콜니코프는 드디어 뜨거운 눈물을 촉촉이 흘린다.

차르 1세의 반동 정치하에서는 현실에 대한 비판뿐만이 아니라 금지 서적을 읽는 것만으로도 총살감이었다. 도스토옙스키는 고골에게 보내는 벨린스키의 편지를 낭독했다는 죄목으로 사형 선고를 받는다. 사형 집행에서 극적으로 구해진 그는 시베리아의 감옥으로 옮겨져 4년간의 감옥 생활과 6년간의 유형 생활을 한다. 시베리아에서 유일하게 허용된 책은 성서뿐이었다. 그런 그에게서 나온 소설이니 그 깊이는 누구와도 비교할 수 없다. 페이지에 따라 받게 되는 고료 때문이었겠지만 그는 많은 작품을 남겼다. 그를 제대로 알아보지 못해서 미안하다.

53

예루살렘 함락사

역대하 4장에는 솔로몬 성전에 있는 성전 기구들에 대하여 나온다. 광야의 성막에는 금 등잔대가 하나인데 성전에는 열 개의 등잔대가 있다. 그것을 성전 오른쪽에 다섯 개, 왼쪽에 다섯 개가 있도록 하였다. 또 성막에는 상이 하나였는데 금으로 만든 상 열 개를 만들어 성전 오른쪽에 다섯 개, 왼쪽에 다섯 개를 두었다.

이것에 대한 언급이 요세푸스의 책에 나온다.

성전의 기구들은 솔로몬 성전에 영원토록 있을 것 같았지만 이스라엘의 범죄로 말미암아 후에 바빌론으로 옮겨졌다. 열왕기하 마지막에 바빌론의 호위대장 느부사라단이 놋으로 만든 모든 것들을 산산조각 내어 가져갈 때 금으로 된 것은 금으로, 은으로 된 것은 은으로 가져갔다는 것으로 보아 성전의 모든 것이 바빌론으로 옮겨졌다.

다니엘서 5장에 벨사살 왕이 연회를 베풀 때 예루살렘 성전에서 탈취한 금그릇과 은그릇에 포도주를 마시는 장면이 나온다.

이것들은 나중에 페르시아 왕 고레스에 의해 다시 예루살렘으로 돌려보내진다. 포로에서 귀환한 유대인들은 다시 바빌론이 파괴했던 솔로몬 성전을 재건했고, 그것은 스룹바벨 성전으로 불린다. 그 성전을 헤롯 대왕이 다시 지어서 헤롯 성전으로 부른다.

예수님이 보셨던 성전은 이 헤롯 성전이다.

이 헤롯 성전이 다시 파괴되는 이야기가 요세푸스의 「예루살렘 함락사」에 자세히 기록되어 있다. 성전의 휘장에 대한 언급은 이렇다. 높이가 25규빗, 너비가 16규빗의 금 문짝 앞에 문과 같은 크기의 휘장이 있었다. 이 휘장은 청실, 홍실, 자색실과 가는 베실로 엮어 짠 매우 멋진 바빌로니아식 휘장이다.

이것은 우주를 뜻하는 일종의 상징이었다.

홍실은 불을, 가는 베실은 지구를, 청실은 공기를, 자색실은 바다를 상징하였다. 이 휘장에는 하늘의 신비가 수놓아져 있었다. 이 휘장에 대해 묘사된 것은 서기 70년경의 상황이다. 이것은 예수님이 십자가에 달리실 당시의 찢어진 휘장 다음으로 제작하지 않았을까 싶다.

성전 안으로 들어가면 앞쪽에 등잔대와 진설병상, 분향단이 있다. 등잔대의 일곱 등잔은 일곱 혹성을 상징하고, 열두 개의 진설병은 12궁과 일 년을 상징했으며, 바다에서 많이 나는 좋은 향내 나는 13종류의 향품을 사르는 분향단은 하나님께서는 온 세상의 만물의 소유자이시므로 모든 것을 그가 마음대로 쓰시도록 드려야 한다는 점을 상징한다.

성전의 가장 깊숙한 부분은 지성소인데 길이와 너비가 20규빗이다. 휘장으로 바깥과 차단되어 있었는데 그 안에는 아무것도 없다. 그곳은 그 누구든지 들어가거나, 침범하거나, 들여다볼 수 없는 곳이다. 성전 정면의 외관은 전면이 다량의 금으로 입혀져 있었으므로 태양이 떠오르면 햇살에 반사되어 휘황찬란한 광채를 발휘하였다. 대제사장은 고의 베 속옷과 솔기 없이 통으로 된 발까지 내려오는 둥근 푸른색의 옷을 입었다. 의복의 가장자리에는 금종들과 석류 무늬의 장식이 번갈아 가며 달려 있었다. 종은 천둥을, 석류는 번개를 상징한다. 대제사장은 에봇과 가는 베실로 만든 관을 쓰고는 일 년에 한 번 지성소로 들어갔다.

요세푸스는 탈취된 예루살렘 성전의 기물들을 추적한다.

로마 황제 베스파시안 일행은 유대를 정복한 후에 승리의 개선식을 했다. 월계관을 쓰고, 자주색 옷을 입고, 상아로 만든 보좌에 앉았다. 그는 신들에게 제물을 드린 후에 백성들이 쉽게 그의 모습을 볼 수 있도록 경기장을 가로질러 행군하였다. 행군 중에 보이는 진귀한 보물과 장식들은 정교하고 호화스러웠다. 포로들과 전리품은 경기장을 지났다. 이 전리품 가운데에서도 예루살렘 성전에서 탈취한 전리품이 가장 이채를 띠었다.

여러 달란트의 무게가 나가는 금상과 금 등대가 그중 가장 특색이 있었는데 그 금 등대는 모양이 달라져 있었다. 전리품의 맨 뒤에는 유대인의 율법 책이 따랐다. 요세푸스는 이 광경을 가장 잘 보이는 장소에서 보았을 것이다. 베스파시안은 단시일에 화려하고 웅장한 신전을 지었고, 자신의 영광을 과시하기 위해 예루살렘에서 가져온 금그릇들과 기물들을 이 신전에 보관하였다. 그는 유대인의 율법책과 성전의 자색 휘장들을 왕궁에 보관하라고 지시하였다.

요세푸스는 베스파시안이 유대를 정복하던 때에 그가 로마 제국의 황제가 될 것이라고 예언하였다. 그것 때문에 베스파시안은 요세푸스에게 많은 특권을 주었다. 요세푸스는 유대인들에게 변절자라는 평을 들었지만 황제와의 인연으로 인하여 혹독한 전쟁 중에도 살아남아 유대의 많은 역사를 기록했다.

티투스는 예루살렘 성전을 보호하기 위하여 애를 썼다.

그는 성소에 들어가 성소와 그 안에 있는 물건들을 직접 보았다. 그리하여 유대인의 성소에 대한 자랑이 결코 거짓이 아님을 확인하였다. 불타고 있는 성전 주변을 보면서 본당만큼은 지켜보려 했지만 흥분한 병사들에 의해 성전은 화염에 휩싸이고 만다. 바빌론인들에 의해 성전이 불탔던 날과 동일한 달, 동일한 날에 다시 로마인들에 의해 예루살렘 성전이 불탔다.

예루살렘이 포위된 기간의 사망자 수는 백십만에 이르렀다.

사망자의 대부분은 예루살렘 시민이 아닌 유대인이었다. 이들은 무교절을 지키기 위해 각지에서 예루살렘을 방문했다가 갑자기 로마군에 의해 포위당한 유대인들이었다. 포위된 예루살렘을 기근이 휩쓸었다. 북이스라엘 여인처럼 마리아라는 여인은 자신의 아기를 먹었다. 굶주린 백성들은 짐승의 똥까지 먹었다. 예루살렘은 다섯 번이나 함락이 되었지만 이같이 완전히 파괴된 것은 두 번째다. 바빌론에 멸망 당한 이후 첫 번째는 애굽 왕 시삭, 두 번째는 안티오쿠스, 세 번째는 폼페이, 네 번째는 소시우스, 다섯 번째는 헤롯에 의해 함락되었다.

바빌론 왕과 로마의 티투스에 의해 두 번 완전히 함락되었다.

요세푸스는 마사다의 함락으로 유대전쟁사를 마무리한다. 그는 전쟁사 기록의 유일한 의도는 처음부터 끝까지 사실의 전달에 있다고 말한다. 지금의 예루살렘은 햇살에 반사되어 휘황찬란한 빛을 발하는 성전이 없다. 둥근 이슬람 성전인 황금의 돔이 예루살렘의 상징처럼 되어 있다.

2000년을 온 세계에 흩어져 있던 유대인들은 20세기에 들어와 다시 나라를 건설하였다. 그리고 그들은 다시 제3 성전을 짓겠다고 한다. 요세푸스는 이 시점에서는 예루살렘을 향하여 무엇이라고 말할까?

54

백치

드디어 도스토옙스키의 「백치」가 도착했다.

예약을 걸어 놓은 지 한 달만이다. 내 책은 150권 중에 49번이다. 하얀색 가죽 장정에 자그마치 1060페이지다.

백치는 지능이 아주 낮은 바보를 말한다.

이 작품에서 백치는 '바보 같은 절대 선함'이고, '구원으로 인도하는 메시아'의 은유라 한다.

주인공 미시킨 공작을 비롯하여 아름다운 외모를 지닌 나스타시야 필리포브나와 아글라야도 세상의 잣대로 보면 백치다. 흰색은 나스타시야가 평생 가질 수 없어서 고통받았던 순결과 순수의 상징이다. 그래서 책 표지가 흰색이다. 소설의 상징성을 나타내는 색이 「죄와 벌」의 초록색과 함께 멋지다.

스위스에서 병으로 요양을 하던 미시킨 공작은 보통보다 큰 키에 밝은 금발, 홀쭉한 볼, 백색에 가까운 턱수염, 크고 푸른 눈을 가진 인상이 좋은 26세 남자다. 그는 천사와도 같은 마음의 소유자로 간질병을 앓는다. 위선을 모르는 사람으로 나스타시야에 대한 연민과 아글라야에 대한 연정으로 갈등한다. 바르샤바에서 페테르부르크로 오는 3등석 칸에 미시킨이 앉아 있는 것으로 이야기가 시작된다. 그 앞에는 그와 지속적으로 대척점으로 있게 될 로고진이 앉아 있다. 그 당시의 소설은 이야기의 소재로 기차가 많이 등장한다.

「안나 카레니나」도 기차로 이야기가 시작되고, 기차는 등장인물 중 어떤 사람에게는 요한계시록의 '쑥별'로도 인식된다.

예판친 장군 부인의 친척이라는 실마리로 미시칸 공작은 그 집을 방문하고, 그 집안의 세 딸 중 막내인 아글라야와 인연을 갖게 된다. 아글라야는 공작과 약혼까지 하는 사이지만 나스타시야 때문에 결혼을 하지 못하게 된다.

나스타시야는 눈부실 정도로 대단한 미모의 소유자이다.

일곱 살에 고아가 된 그녀는 나중에 토츠키의 눈에 띄어 그의 정부가 된다. 그리고 파괴된 자기의 순결에 대한 자각으로 고통스러워한다. 싸늘한 사회의 시선 속에서도 그녀는 순결하고 고고한 정신을 유지한다.

그녀는 다른 남자들과의 결혼 약속을 번복하며 나중에는 미시킨 공작과 결혼하기로 한다. 귀족들의 별장지대인 파블롭스크에서 치러지는 결혼식 날에 화려한 신부복을 입은 그녀는 갑자기 고함을 지르며 군중 속으로 뛰어들고, 갑자기 나타난 로고진과 함께 마차를 타고 떠난다.

페테르부르크로 온 미시킨 공작은 나스타시야와 로고진을 찾아 헤맨다. 그가 로고진을 다시 만나 그의 집에 들어가서, 희미한 어둠 속에 누군가가 침대 위에 하얀 시트를 덮은 채 몸을 쭉 뻗고 누워있는 것을 본다. 그날 밤을 로고진과 함께 그 방에서 지낸 미시킨 공작이 사람들에게 발견되었을 때, 그는 다시 백치가 되어 있었다.

예브게니 파블로비치와 미시킨 공작의 대화 중에 이런 장면이 나온다. 나스타시야와 결혼을 하기로 한 미시킨 공작이 아글라야가 자기를 이해해 주리라고 하는 대목이다.

"아니요, 공작, 이해 못 할 겁니다! 아글라야 이바노브나는 여자로서, 인간으로서 사랑한 거지, 추상적인 영혼으로 사랑한 게 아니란 말입니다. 그걸 모르시겠습니까? 가여운 공작. 무엇보다 확실한 건 당신은 그녀도 또 다른 여자도 결코 사랑한 적이 없다는 것입니다!"

또 파블로비치는 이렇게 생각한다.

'아글라야는 그가 자기를 죽을 만큼 사랑하고 있다는 사실을 결코 알지 못할 것이다! 하~하! 그리고 대체 어떻게 두 명을 한꺼번에 사랑할 수가 있단 말인가? 전혀 다른 성질의 사랑으로? 흥미롭군. 참으로 가여운 백치야! 대체 이제 그는 어떻게 될까?'

선한 공작이 많은 인물들의 삶을 파멸시키고 자신도 다시 치유될 가능성이 없는 백치로 돌아간다는 이야기는, 완벽하게 아름다운 사람은 백치가 될 수밖에 없다는 메시지인가!

도스토옙스키는 아버지의 처참한 죽음을 전해 듣고, 그 충격으로 간질병 환자가 된다. 그리고 자기 작품 속에서 자기의 병을 등장 인물들에게 골고루 나누어준다. 몇 년 동안 감옥에서 성경 외에는 어떤 책도 읽지 못했던 그는 심오한 작품들을 남겼다. 톨스토이 작품들은 화려한 스케일로 인해 영화로 많이 제작되었다. 하지만 깊은 사색적인 내용 때문인지 도스토옙스키 작품은 영화로 만들기에는 좀 어렵지 않나 싶다.

인상적인 장면들이 있다. 나스타시야는 그녀와 결혼하려고 했던 가냐를 시험하기 위해 로고진이 가져온 십만 루블을 벽난로 불속에 집어넣고 맨손으로 꺼내라고 한다.

십만 루블은 십억이다.

불길 속에서 타는 돈뭉치와 연관하여 묘사된 장면과, 신부 드레스로 한창 멋을 낸 나스타시야가 군중 속에서 도망하는 장면, 로고진의 방에서 하얀 천에 덮인 나스타시야의 모습이다. 영화로 제작이 된다면 깊은 인상이 남을 것 같다. 진정 인간의 인간에 대한 사랑은 어디까지일까?

55

연금술사

연금술은 고대 이집트에서 시작되어 아라비아를 거쳐 중세 유럽에 전해진 원시적인 화학 기술이다. 구리, 납, 주석 따위의 비금속으로 금을 제조하고 나아가서는 늙지 않는 영약을 만들려는 화학 기술이다. 근대 화학이 생기기 전에 1000년 이상 계속되었다고 한다. 연금술사라 하면 왠지 마술을 부리는 사람을 연상하게 된다. 파울료 코엘료가 쓴 이 책은 팔천만 부 이상이 팔렸다는데 '왜 이 책이 베스트셀러인지' 한참 생각했다. 이 소설은 이슬람과 기독교적인 분위기가 버무려져 있다. 주인공 산티아고가 스페인 사람이라 그런가 보다.

청년 산티아고는 양 육십 마리를 치는 양치기다.

그가 꿈을 꾸고 피라미드 앞에 있는 보물을 찾아가는 여정이다. 그는 집시 노파를 만나고, 광장에서 살렘 왕 멜기세덱을 만나면서 아프리카로 건너가 여정을 시작한다. 산티아고는 멜기세덱으로부터 우림과 둠밈을 받고, 탕헤르에서 도둑에게 모두 도둑을 맞은 뒤, 크리스탈 가게에 취직을 한다. 그곳에서 영국인을 만나 다시 사막으로 여행을 떠난다.

사막에서 오아시스를 만나고 연금술사를 만나서 피라미드를 향해 간다. 우여곡절 끝에 피라미드 앞에서 금을 찾지만 도둑을 만나고, 도둑이 내뱉는 말을 듣는다.

"지금 네가 쓰러져 있는 바로 그 자리에서 나 역시 2년 전쯤 같은 꿈을 꾼 적이 있지. 꿈속에 스페인의 어떤 평원을 찾아갔는데 거기다 쓰러져가는 교회가 하나 있었어. 근처 양치기들이 양 떼를 몰고 와서 종종 잠을 자던 곳이었어. 그곳 성물 보관소에는 무화과나무 한 그루가 서 있었지. 나무 아래를 파보니 보물이 숨겨져 있었어. 하지만 이봐, 그런 꿈을 꾸었다고 해서 사막을 건널 바보는 없어. 명심하라구."

산티아고는 솟아오르는 기쁨으로 가슴이 터져나가는 것 같았다. 이제 그는 자신의 보물이 어디에 있는지 온몸으로 느낄 수 있었다. 그리고 에필로그에는 산티아고가 그 예배당 무화과나무 밑을 파서 보물을 발견하는 이야기가 나온다. 꿈을 찾아 떠났는데 결국 그 꿈을 이룰 수 있는 장소는 자기가 처한 바로 그 자리라는 이야기가 아닐까?

이슬람의 다섯 가지 의무 중에는 일생에 한 번 성지 메카를 순례하는 것이 있다. 크리스털 가게 주인은 정작 메카에는 가지도 않으면서 가고 싶다는 갈망만으로 평생 살았다. 이렇게 나도 어떤 것을 생각만 하고 시도하지 않은 것들이 많다. 그러고는 항상 지나간 시간만을 아쉬워한다.

아무것도 하지 않고 생각만 하다가 일생을 보내는 사람도 있고, 그 꿈을 좇아서 좌충우돌 삶을 살지만 결국에는 산티아고처럼 솟아오르는 기쁨을 만나는 사람도 있다. 작가는 삶의 보편적인 여정을 적고 싶어서 이렇게 소설을 쓰고 많은 사람들의 호응을 받았나 보다.

책에는 성경 속의 인물들이 나온다.

아브라함이 십일조를 바쳤던 멜기세덱 왕이 나오는데 산티아고도 멜기세덱을 찾아갈 때 그의 양 육십 마리 중에서 여섯 마리를 가지고 그를 찾아간다.

요셉과 베들레헴의 목자, 종의 병이 낫기를 바라며 사람들을 예수님에게 보냈던 백부장이 나온다.

티베리우스 황제 시절에 어떤 착한 사람이 살고 있었는데 그에게는 두 아들이 있었다. 하나는 시인이 되고 하나는 군인이 되었다. 그 아버지는 군인 아들이 예수님을 만났던 이야기를 사람들이 광장에서 하는 것을 듣고, 천국에서 기쁨의 눈물을 흘린다.

이 이야기를 맞닥뜨릴 때는 파울로 코엘료의 작가적 상상력이 미소를 짓게 한다. 이런 판타지 성격의 소설은 참 어렵다. 마치 「어린 왕자」를 읽는 느낌이다. 어린아이 눈으로 보아야 한다는데 그게 정말 어렵다. 현실로도 어렵다. 그것은 나에게 있는 세월의 더께 때문인지도 모른다. 순수함으로 따진다면 마치 내가 예수님께 나오는 아이들을 귀찮아했던 제자들 같기도 하다.

생각하게 하는 구절들이 있다.

'자네가 무언가를 간절히 원할 때,
온 우주는 자네의 소망이 실현되도록 도와준다네.'
'되돌아가지 못할 바에는 앞으로 계속 나아가는
최선의 방법만 생각해야 합니다.'

'신은 모든 창조물에게 자신의 비밀을 알기 쉽게 계시해 놓았다.'
'무언가를 찾아 나서는 도전은 언제나 초심자의 행운으로
시작되고 반드시 가혹한 시험으로 끝을 맺는 것이네.'

'우리 모두 자신의 보물을 찾아 전보다 더 나은 삶을 살아가는 것,
그것이 연금술인 거지. 납은 세상이 더 이상 납을 필요로 하지
않을 때까지 납의 역할을 다하고, 마침내는 금으로 변하는 거야.'

'무엇을 하는가는 중요치 않네.
이 땅 위의 모든 이들은 늘 세상의 역사에서 저마다 중요한 역할을
하고 있으니. 다만 대개는 그 사실을 모르고 있을 뿐이지.'

56

요세푸스

요세푸스는 요셉 벤 마티아스로 주 후 37년에 태어나 100년이 지난 어느 날 세상을 떠났다.

제사장 가문의 후손으로서 어머니는 하스모니안 왕가의 후손이었다. 그는 왕족의 피가 흐르는 자였다.

요세푸스는 유대인 제사장으로, 사령관으로, 죄수로, 로마 시민으로, 저술가로 살았다. 그는 로마군과 싸우다가 항복을 하였다.

사람들은 그가 이중 역할을 했을 것이라고 추측한다. 요세푸스는 또 티투스의 아버지인 베스파시안이 언젠가 황제가 될 것이라는 예언을 했고, 베스파시안 가문의 이름인 플라비우스라는 이름을 얻고 알렉산드리아까지 베스파시안을 수행했다. 황제의 아들인 티투스와 함께 예루살렘으로 돌아와 예루살렘의 함락을 목도하였다.

그가 저술 활동을 한 것은 자기 민족을 옹호하고, 유대주의를 수호하기 위해서였지만 자기 민족으로부터 신뢰를 회복하지 못했으며 현대에도 배교자로 낙인이 찍혔다.

「요세푸스」란 책은 자료를 헬라어 70인 역에서 뽑았고, 거기다가 전설과 자료를 세속 역사가에게서 얻어다 첨가시켰다고 한다. 그래서 그런지 성경에 나오는 말씀들을 정확하게 전달하기도 하지만 가끔 처음 보는 말들도 많다. 그의 책을 읽다 보면 성경 내용을 이야기처럼 잘 이해할 수 있다. 하지만 성경을 제대로 모른다면 추천하기에는 좀 위험스럽다.

모세를 양자로 삼은 이집트 공주는 이름이 테르무티스로 나온다. 그녀는 자식이 없어서 모세를 양자로 들였다고 한다.

모세가 이집트의 장관직을 맡아서 군대를 이끌고 에티오피아로 쳐들어갔는데, '사바'라는 난공불락의 성을 공격할 때 타르비스라는 에티오피아 공주가 모세의 싸우는 모습을 보고 모세에게 반한다.

그녀는 사람을 보내어 모세가 자기와 결혼할 의사가 있는지 타진한다. 모세는 그녀가 도시를 넘겨준다면 아내로 맞아들이겠다고 말한다. 결국 모세는 그녀와 결혼을 하고 이집트 군대를 이끌고 돌아온다.

민수기 12장에서는 광야에서 모세가 에티오피아 여인과 결혼하는 이야기가 나오는데 이건 또 어쩐 일인가 싶다.

성경에는 '다말'이라는 여자들이 나온다.

유다의 며느리로서 베레스와 세라를 낳아 예수님의 족보에 들어간 다말과, 다윗의 딸 다말과, 압살롬의 딸 다말이 나온다.

그중에 압살롬의 딸 다말은 뛰어난 미모의 여인으로 후에 솔로몬의 아들 르호보암의 아내가 되어 아비야라는 아들을 낳는다. 이 부분은 압살롬의 딸 다말 대신에 아비살롬의 딸 마아가로 성경에 나온다. 요세푸스는 잘생기고 훤칠한 남자나 뛰어난 미모의 여인을 강조하는 것처럼 자주 그런 것들을 언급한다. 사람들에게 친밀하게 다가가려는 의도가 아닌가 싶다.

또 솔로몬의 성전의 규모에 대해 말하면서 금상 20,000개, 은상 40,000개, 쏟는 그릇 80,000개, 금잔 100,000개, 은병 200,000개, 금 접시 80,000개, 은 접시 160,000개, 금 대접 60,000개, 은 대접 120,000개, 금향로 20,000개, 불을 옮길 때 사용하는 향로 50,000개, 대제사장 의복 1,000벌, 제사장 의복 10,000벌, 나팔 200,000개, 노래하는 자들의 의복 200,000벌, 악기 40,000개를 만들었다고 한다. 요세푸스는 하나님의 이름을 쓴 관crown은 하나밖에 없었는데 그것은 그 당시에도 전해져 내려오고 있었다고 하였다. 아마도 다른 것들은 외세의 침략으로 없어졌지만 관은 남아 있었던 듯하다.

솔로몬의 기병들은 키가 훤칠하고 체구가 당당하며 긴 머리에 두로산 자색 옷을 입고 있었다고 한다. 이들은 매일 머리카락에 금가루를 뿌렸기 때문에 햇빛을 받으면 머리가 휘황찬란하게 번쩍거렸다. 왕도 활을 메고 무장을 한 병사들 가운데서 병거를 몰았고, 흰옷을 입고 아침마다 에담이라 부르는 쾌적하고 아름다운 정원으로 갔다. 이런 것들은 성경에는 언급되지 않지만 요세푸스의 설명으로 상상하면 즐겁다.

다니엘서에는 내시가 다니엘에게 콩 하나만 준 것 같은데 여기에서는 거기에 대추야자를 더하였다.

바빌론을 멸망시킨 다리오 왕과 고레스가 친족이라고 말하며 다리오 왕이 다니엘을 메대로 데려가서 곁에 두고 존중했다는 말에는 다니엘과 사자 이야기가 더 잘 이해가 된다.

요세푸스의 글을 읽으면서 성경과 대비하면서 즐거웠다.

흠이라면 너무 두껍다는 것과 글씨가 깨알 같다는 것이다. 시리즈로 네 권이다. 나에게는 2, 3, 4권을 읽어야 하는 숙제가 남았다. 연대기적으로 정리해 놓아서 꽤 친절한 책이다.

57

유대인과 시몬 페레스

시몬 페레스는 이스라엘이 건국되어 지금까지 눈부신 발전을 이루기까지 온몸을 바쳐 일한 정치인이다.

이스라엘 초대 수상인 벤구리온의 보좌관으로 시작해 장관, 총리, 대통령을 한 사람이다. 그의 나라를 위한 사랑과 열정은 어느 누구보다도 탁월하다. 그는 폴란드와 러시아의 국경 근처에서 살다가 11세에 팔레스타인으로 왔다. 랍비였던 할아버지는 그에게 "항상, 유대인으로 있겠다고 약속해다오"라고 당부했다. 그 말은 그의 일생을 관통하는 생의 모토가 되었다.

시몬 페레스는 소년 시절에 하이파로 가는 길에 초대 수상인 벤구리온의 옆자리에 앉았다가 정치의 길로 들어섰다.

이스라엘이 독립하기까지 열심을 다했으며, 독립하는 날인 1948년 5월 14일 오후에는 주역으로 일했다.

벤구리온은 시몬보다 더 경험이 많고 직위가 높은 사람들이 놀라워할 정도로 그들보다 시몬의 말에 귀를 기울였다. 그것은 시몬이 거짓말을 하지 않고, 남의 흉을 보지 않으며, 새로운 아이디어를 가지고 온다는 이유였다. 시몬 페레스는 불가능했던 이스라엘의 항공 사업을 밀어붙이고 프랑스에서 무기를 수입하여 나라를 지켰다.

네게브에는 원자로를 건설하여 '핵 모호성'과 '핵 억지력'으로 강대국으로 가는 발판을 마련했다. 이스라엘에서 3000km나 떨어진 아프리카의 엔테베에 이스라엘 사람들이 납치되었을 때 테러범들에 굴복하지 않고, 특공대를 보내 엔테베 작전을 성공시켰다. 그는 대통령이 되었을 때도 계속해서 나노 산업의 중요성을 알리고, 기업과 학계가 더욱 깊이 협력하여 연구실에서 나온 아이디어를 현장에 도입할 것을 독려해, 이스라엘이 현대의 과학적 혁명을 주도하도록 하였다.

페레스는 큰 꿈을 좇고 그 대가를 치르거나, 다른 사람들에게 미움받지 않고, 무난하게 어울리기 위해 자신의 야망을 줄이거나 포기하든가 해야 할 때는 항상 대의를 완수하는 것을 택했다.

위대한 제국이 무너지는 것은 국민이 국가에 대한 자신감과 신뢰를 잃었을 때다. 그가 초지일관한 이스라엘을 세우기 위한 열정과 번영에의 갈망을 보며, 임진왜란 때의 류성룡과 이순신을 떠올린다.

류성룡과 이순신은 각각 육지와 바다에서 싸웠지만 그들의 헌신은 지금의 이 나라를 존속하게 한 원동력이 되었다. 그들과 시몬 페레스는 같은 부류의 사람들이다. 이런 지도자를 현대에도 찾을 수 있으면 좋겠다. 역사는 가끔 이런 사람들을 잉태하고 그런 사람들을 통해서 역사의 큰 획을 긋는다.

이스라엘 민족은 아브라함의 후손으로, 야곱과 요셉이 이집트로 내려가서 많은 인구가 불어나 국가를 형성할 정도가 되었을 때, 모세의 인도로 가나안 땅으로 왔다. 사사 시대와 왕정 시대를 거친 뒤, 열두 지파 중 열 지파인 북 이스라엘은 아시리아에 멸망 당해 혼혈이 되었다. 남 유다는 바빌론에 멸망 당한 뒤 70년 동안 포로 생활을 하다가 돌아왔다.

그들이 스룹바벨 성전을 짓고 침묵의 400년을 거친 뒤에 그리스도가 이스라엘 땅에 왔다. 서기 70년에 이스라엘은 로마에 멸망 당하고 그들은 전 세계로 흩어졌다.

어떻게 2000년 동안 살아남을 수 있었을까?

그것은 그들을 지탱해준 토라의 힘이라고 말한다. 나는 참으로 궁금한 것이 현대의 유대인들은 자기들이 열두 지파 중 어느 지파에 속하는지 알고 있을까이다.

잭 번스틴이란 작가에 의하면 유대인은 단일 민족이 아니라고 한다. 오늘날의 유대인은 세파르딕 유대인과 아슈케나지 유대인으로 나뉜다. 이스라엘에 있는 세파르딕 유대인은 중앙아시아와 북아프리카에서 온 자들로 혈통적으로는 아랍인에 가깝고, 성경에 언급된 지역에 살았다. 아슈케나지 유대인은 동유럽에서 이스라엘로 이주하였다. 그들은 현재 유대인의 90퍼센트를 차지하며 미국에도 많이 살고 있다.

아슈케나지 유대인의 이력은 이렇다.

서기 740년경에 유럽 동부 지역에 카자르 부족이 살았는데 그 왕국의 왕은 기독교, 유대교, 이슬람교의 종교 지도자들을 불러 놓고 그들의 종교에 대하여 이야기를 하라고 했다. 왕은 그중에서 유대교를 정치적 목적으로 선택하여 그들의 국교로 삼았다. 13세기에 카자르인들은 서쪽으로 이동하다가 폴란드와 러시아 쪽에 정착했고, 이들이 아슈케나지 유대인의 뿌리가 되었다. 유대인은 유대교를 믿으면 유대인이 된다.

1897년에 스위스 바젤에서 시오니스트들이 유대인 국가 건설에 대한 회의를 하였다. 예루살렘으로 돌아가자는 시오니즘이 이 시기에 있었다. 유대인들은 50만 명의 아랍인이 살고 있는 팔레스타인을 지목하여 이스라엘을 세우기로 하였다. 그리하여 아슈케나지 유대인들이 팔레스타인으로 이주한다. 그들은 사회주의와 공산주의자들이었다. 이주 초기의 키부츠도 사회주의 체제로 운영하였다.

현대에 막대한 자본을 가지고 세계를 움직이는 자들이 시오니스트들이라고 하는데 그들과 성경 속의 유대인들은 간극이 크다.

요한계시록의 열두 지파는 누가 될 것인가?

이 열두 지파는 어떻게 나타날 것인가?

시몬 페레스도 따지고 보면 아슈케나지 유대인이다.

58

레이건 일레븐

「레이건 일레븐」은 잘생긴 레이건 대통령의 젊은 시절 사진이 표지인 책이다. 영화배우였던 그는 미국 대통령이 되어 강력한 미국을 만들었다.

그에게는 보수주의 11가지 원칙이 있다.

그것은 자유, 신앙, 가정, 인간 생명의 신성과 존엄, 미국 예외주의, 미국 국부들의 지혜와 비전, 낮은 세금, 제한된 정부, 힘을 통한 평화, 반공주의, 개인에 대한 믿음이다.

매번 대통령 선거 때마다 가장 많이 회자되는 대통령이 로널드 레이건이다. 「레이건 일레븐」은 레이건이 성공적으로 임기를 이끌었던 '보수주의 사상은 오늘날에도 유효한가?'에 대한 이야기다. 보수주의의 의의에 관한 책이다.

"보수주의는 사람들이 한 세대, 혹은 열 몇 세대 정도에 걸친 경험을 바탕으로 한 것이 아니라 인류가 지금까지 경험해온 모든 것을 종합해 발견한 것을 근거로 삼고 있습니다. 이것이 바로 보수주의의 원칙이 옳을 수밖에 없는 이유입니다"라고 레이건은 말했다.

사람들은 예배하고, 창조하고, 건설할 자유가 있을 때 그들 스스로의 운명을 결정한다. 또 그들이 감수한 위험을 통해 이익을 얻을 수 있을 때만 사회는 원동력을 얻고 번영할 수 있다. 번영으로 가는 길은 결국 '약탈하고 배급하고 통제하는 정부'에 의존하는 것이 아니라 개개인의 선택에 의존하는 것, 즉 '국민을 신뢰하는 것'이다.

자유를 존중하는 것은 곧 창조주와 우리의 천부적 권리를 존중하는 것을 의미한다. 신앙의 견고한 토대와 지도가 없는 자유는 혼동되고 왜곡될 수 있을 뿐 아니라 타인의 자유를 해치게 될 수도 있다. 신앙과 자유는 보수주의의 기반이다. 모든 종교적인 사람이 보수주의자는 아니지만 모든 보수주의자는 종교적이다.

레이건은 영화배우 제인 와이먼과의 첫째 결혼을 가슴 아픈 이혼으로 마감했다. 그는 두고두고 이 과거를 큰 실패로 여기며 후회했다. 그는 믿음이 있고 관대한 어머니로부터 많은 영향을 받았다.

우리가 공유하고 소중히 여기는 가치들을 보전해서, 다음 세대에게 물려주는 것이 바로 가정의 역할이다. 보수주의자는 결혼이나 가정과 같은 제도를 보전하고, 진보주의자는 그것을 바꾸려 한다.

가정은 우리의 양심을 기르는 학교다.

'미국의 모든 위대한 변화는 저녁 식탁에서 시작된다'라는 말은 인상적이고 감동적이다. 저녁 식탁은 가족 간의 대화와 생각의 공유와 믿음의 계승을 의미한다. 이 저녁 식탁이 사라진 가정과 국가는 쇠퇴

할 수밖에 없다.

'미국 예외주의'라는 부분에서 레이건은 미국이 하나님의 그 신성한 계획 속에 어떤 약속의 땅으로서 구별되었다고 여겼다.

하나님이 미국에 은혜를 주셔서 그의 신성한 계획 속에 미국을 눈여겨보시고 약속의 땅으로 인도하고 계신다고 믿었다.

그는 미국인의 특별함을 믿었고, 미국인의 비범함에 대한 믿음이 있었다. 과도한 세율과 이 세금이 키우는 거대 정부라는 괴물은 살며시 진행되는 사회주의다.

정부가 확대될수록 자유는 축소된다. 레이건은 감세, 탈규제, 정부지출의 감소, 안정적이고 신중하게 관리된 통화 공급의 증가 처방을 내렸다. 그는 반 거대 정부를 추구했다. 불필요한 정부, 사생활을 침해하는 정부, 과하게 짐이 되는 정부, 요람에서 무덤까지 간섭하는 보모 국가 정부, 끊임없이 팽창하고 침해하는 정부, 즉 한계 없는 정부를 반대했다.

레이건의 보수주의 11가지 원칙은 그의 말대로 인류가 지금까지 경험해온 모든 것을 종합해 발견한 것을 기반으로 하고 있다.

요즘 우리가 가장 관심 있어 하는 '진보'와 '보수'라는 말을 이해하려면 한 번쯤은 보아야 할 책이라고 생각한다.

우리나라의 정치와 정치인들을 대입해 보며 읽었다.

우리나라의 구세대와 신세대가 부딪치는 것이 결국은 사상과 개념에 관한 문제들이다. 우리나라는 선거 때만 되면 가족끼리도 싸운다. 어른은 어른끼리, 아이들은 아이들끼리 편이 갈라져 있다. 반공 교육을 받고 자란 기성세대와 진보적인 교육을 받고 자란 아이들 세대와의 갈등은 심각한 지경에 이르렀다. 다른 나라는 이런 문제는 없을 것이다. 우리나라는 지정학적인 이유로 이런 이슈에 시달리는 게 아닌가 싶다.

한 유대인의 이론이 하나님을 거부하는 거대한 세력으로 이 세상을 두 세기 동안 지배해 왔다. 나는 가끔 진보주의자들이 주장하는 마르크스 이론이 우리나라 젊은 세대를 지배하고 있다는 생각을 한다. 자기가 교육받고 자란 것을 부정할 수는 없다.

그 성향을 극복하기도 어려울 것 같다.

다만 이제는 내 것만이 옳다고 말하지 말고 어떤 것이 성경적이냐고 하는 물음에 답해야 할 것이다.

성경만이 모든 것의 절대적인 기준이므로….

그렇게 된다면 피차에 잘못된 생각의 기득권이 굴복되지 않을까?
추석 연휴에 잘생긴, 멋진 정치인을 만났다.

그대,
당신의 기쁨과 슬픔을
그분이 아십니다

제6장

에덴으로 가는 길

59

지혜 없음

푸른빛 도는 산수국이 우리 집에 왔다.

그 색에 매료되어 날마다 그것을 보물처럼 쳐다보았다. 난에다 물을 주듯 일주일에 한 번씩 물을 주었다.

어느 날 외출에서 돌아왔는데 그것이 시들어버렸다.

인터넷 검색 한번 해봤으면 살릴 수 있었을 걸 허망하게 보내버렸다. 며칠 후 강대상에 놓아둘 부활절 꽃을 사러 갔다가 화원에서 빼앗듯 별 수국을 얻었다. 그것은 꽃잎이 별 모양이라 별수국이다. 팔천 원이나 한다며 못내 아까워하는 주인에게 물어보았다.

“며칠에 한 번 물을 주어야 해요?”

『이름이 수국이잖아요? 물속에서 살아야 하죠.』

“아, 그게 물에서 사는 국화군요.”

새삼스럽다. 수국은 국화다. 물에서 사는….

바보같이 그것도 모르고 잘난 척하고, 물에서 산다는 수국을 난처럼 취급했으니 돈도 돈이거니와 그 수국의 푸른빛이 못내 아쉽다.

가끔 나의 미련함에 나도 어안이 벙벙하다.

요즘에도 바보 같은 짓을 몇 번 했는데 무엇을 했는지 벌써 잊어버렸다. 사람이 어떤 일에 의미를 두지 않거나, 무심코 살다 보면 어리석게 행동할 때가 있다. 사람에 휩쓸리거나 일에 휩쓸리면 그렇다.

성경에서 그렇게 어리석게 행동하던 사람들을 만난다.

학깃의 아들 아도니야는 다윗의 넷째 아들이다. 그는 아버지에게서 한 번도 책망을 받지 않은 아들이다. 그가 왕권을 가지려고 반역을 꾀할 때 요압과 제사장 아비아달은 그를 따르며 도왔다. 그것 때문에 아비아달은 쫓겨났고, 요압은 죽임을 당했다. 영리했던 자들이 어찌 그리 어리석게 아도니야를 따랐을까?

자신의 누이 다말을 강간한 암논을 압살롬이 죽였다.

형을 죽인 그는 외갓집으로 피신한 뒤에 다시 예루살렘으로 돌아와서는 백성들의 마음을 훔쳤다. 다윗의 아들이 그런 짓을 했다. 그가 반역을 위해 헤브론으로 가면서 사람들을 초청했다.

사무엘하 15장 11절에 **"초청받은 이백 명이 예루살렘에서 나와 압살롬과 함께 갔는데 그들은 단순히 가고 아무것도 알지 못하였더라"**라는 말이 나온다. 이 부분을 읽을 때면 "그들이 단순히 갔다"라는 내용이 새삼스럽다.

그들은 아무것도 알지 못했다고 했다.

'단순하다'라는 것과 '알지 못했다'라는 것은 면죄를 받을 수 있는 것이 아니다. 그들이 일반 백성들이 아닐진대 어떻게 그리 어리석은가!

어떻게 아무것도 알지 못할 수가 있을까?

그전에 예루살렘에서 압살롬에 대한 소문들을 듣지도 못했을까?

무심코 사람들에 대한 관계 때문에 어떤 일에 대하여 깊이 생각하지 않고 행동하는 것은 분명 치명적이다. 단순하고 아무것도 알지 못하였다는 것은 결코 합당한 이유는 아니다.

나도 과거에 그렇게 생각 없이 살았던 적이 있었음을 부인하지 못한다. 이 부분을 읽을 때면 나 자신의 어리석음이 무엇인지 잠시 생각하게 된다. 아도니야나 압살롬 이야기는 정치적인 부분이다.

나는 결코 정치인은 아니지만 삶은 얼마나 다분히 정치적인가!

어리석음은 개인에게도 있고, 무리에게도 있다. 산수국이 죽으면 별수국을 갖다 놓을 수도 있다. 다만 압살롬을 무심코 따라가고, 단순하여 아무것도 알지 못했던 어리석음이 나에게는 일어나지 않기를, 민감함과 지혜가 있기를….

60

기뻐하는 소리

사람은 기쁘면 기뻐하는 소리를 내고 슬프면 슬퍼하는 소리를 낸다. 모든 살아있는 것들은 소리를 낸다. 어떤 것은 크게, 어떤 것은 작게 소리를 만든다. 어릴 때는 소리를 크게 내지만 커가면서 그것은 점점 작아진다.

무리가 내는 기뻐하는 소리가 있다.

동네 골목길에서 노는 아이들은 그들의 즐거움을 큰 소리로 낸다.

어릴 때 집에서 그 소리를 듣다가 얼마나 뛰쳐나가고 싶었던가!

사람의 삶에도 소리가 난다. 기뻐하는 소리, 즐기는 소리, 신랑의 소리, 신부의 소리, 맷돌 소리, 감사제를 드리는 소리….

에스라와 느헤미야서를 읽다가 보면 무리가 기뻐하는 소리가 나온다. 에스라서는 주의 성전의 기초를 놓을 때 백성이 내는 소리가 기록되었다. 포로에서 돌아온 이스라엘은 무너진 성전을 다시 세우는 일을 하였다.

솔로몬 성전을 보았던 노인들은 기초가 놓인 것을 보고 큰 소리로 울었다. 아마도 작은 규모 때문이었을 것이다.

또 다른 사람들은 기뻐서 크게 소리를 내었다. 이 소리들은 얼마나 크게 났던지 멀리서도 들렸다.

기쁨과 슬픔이 교차 되는 이 소리는 소리만 들어서는 구분할 수가 없었다. 이 구절에서 옛 영화를 회복하지 못한 슬픔과 다시 성전이 세워지는 기쁨이 엉켜 있는 것을 본다.

느헤미야도 기뻐하는 소리에 대해 썼다.

"이 날에 무리가 크게 제사를 드리고 심히 즐거워하였으니

이는 하나님이 크게 즐거워하게 하셨음이라

부녀와 어린 아이도 즐거워 하였으므로 예루살렘의 즐거워하는 소리가

멀리 들렸느니라"(느 12:43)

무리가 기뻐하는 소리는 어떤 소리일까? 언뜻 시골 골목길에서 윷놀이하던 어른들이 소리 지르던 것이 생각난다. 그것도 무리의 소리이리라. 그런 소리가 들릴 때면 나도 마음이 여유로워지곤 했었다.

에스라는 성전을 세우는 데에, 느헤미야는 성벽을 세우는 데에 쓰임을 받았다. 그들은 페르시아에서 예루살렘으로 돌아왔다. 이스라엘 민족을 하나님의 거대한 사역 속에 참여시키고 독려하던 자들이었다. 에스라는 모세의 율법에 익숙한 사람으로서 그 율법을 구하고, 그것을 행하며, 이스라엘 민족에게 그것을 가르치려고 결심하고, 마음을 예비하였던 사람이다.

그의 결심은 이루어졌다.

느헤미야는 성벽 재건을 위하여 페르시아로부터 돌아왔다. 에스라가 백성의 정신적인 부분을 담당하였다면 느헤미야는 행정적으로 그들을 통솔하여 성벽 재건을 이루었다. 느헤미야는 총독으로 예루살렘에 온 후에, 총독의 권리를 포기한 채 반대하는 세력을 물리치면서 성벽 재건을 이루어냈다.

그들의 이런 공통점을 보면서 또 다른 공통점 하나를 발견하였다.

"우리가 예루살렘에 도착하여 거기서 사흘 동안 머무니라"(스 8:32)

"이렇게 내가 예루살렘에 도착하여 거기서 사흘 동안 있었느니라"(느 2:11)

페르시아에서 예루살렘에 도착한 후에 그들은 사흘 동안 휴식을 취하였다. 그다음부터 활동하였다. 여독은 사흘을 쉬면 푹 없어지나 보다. 내 생각에는 그들이 천천히 왔기 때문에 사흘 만에 왕성한 활동을 하지 않았나 싶다.

여행 기간은 몇 개월이나 되었다.

요즘에는 먼 거리를 단숨에 다니면 시차 때문에, 공간의 급작스러운 이동 때문에 더 오래 여독이 있지 않나 싶기도 하다. 자연에 순응하지 못함이 아닐까? 얼핏 든 생각이다.

61

빵 다섯 개, 빵 네 개

마태복음 14장에는 오병이어가 나온다.

흠정역 성경에는 빵으로 번역되었지만 개역 성경에는 떡으로 나온다. 성경을 번역할 당시에 우리나라에는 빵이 익숙하지 않아서 그렇게 번역되었나 보다. '빵'이라는 말은 포르투갈의 pão이 일본으로 유입되었고 일본에서 우리나라에 전래되었다고 한다. '빵'이라는 그 발음은 왠지 통통 튀는 느낌이 들면서 참으로 정겹다.

이스라엘은 건조한 지중해성 기후라서 밀을 재배했지만, 우리나라는 습하고 물이 많은 지역이라 벼농사가 성했다. 그런 연유로 주식도 빵이 되고, 밥이 되고, 떡이 되었을 것이다. 성경의 배경이 남미라면 아마도 감자가 주식이 되었을 것 같다. 차라리 의역을 한다면, 떡이라고 번역하기보다는 오히려 밥이라고 해야 하지 않았을까?

한 소년이 가져온 것은 빵 다섯 개와 물고기 두 마리였다.

그 소년은 예수님의 말씀을 들으려고 미리 도시락을 싸서 가지고 온 것 같다. 그리고 그것을 안드레를 통해 예수님께 드렸다.

갈릴리 호수 옆에는 오병이어 교회와 팔복교회가 있다.

그 교회 옆에는 바나나 밭도 있다. 이스라엘이 의외로 바나나 수출국이란다. 그곳에서는 온갖 기념품들을 팔고 있다. 기념품 중에는 모자이크 그림으로 된 오병이어 기념품들이 많이 있다. 가이드가 그중에 하나를 들고 말했다.

"빵이 분명히 다섯 개인데 왜 여기에는 네 개가 그려져 있을까요?"

왜 그럴까를 한참 생각했는데 답이 안 나왔다.

한 개는 예수님이 들고 기도했기 때문이라는 가이드의 말에 뒤통수를 맞은 느낌이었다. 그 그림이 있는 식탁 매트를 사고 싶었는데 가이드가 다른 곳에도 많이 있다고 해서 다음으로 미뤘다. 그 후로 가는 곳마다 그 식탁 매트를 찾았지만 결국 찾지 못했다. 여행을 하면서 갖고 싶은 것을 발견하면 즉시 사야 한다. 다음 장소에서 산다는 보장이 없기 때문이다. 그 후로 한동안 아쉬움을 달래야 했다.

요즘에 읽은 마태복음 14장 19절에는 **"빵 다섯 개와 물고기 두 마리를 집으신 뒤 하늘을 우러러 보시며 축복하시고"**라고 기록되었다.

예수님은 빵 다섯 개와 물고기 두 마리를 들고 축복 기도를 하셨다. 빵 한 개만 가지고 기도하신 게 아니다. 오병이어교회에서 식탁 매트를 사지 못해서 아쉬웠던 마음이 순식간에 사라져 버렸다.

빵 다섯 개가 그려진 그림이 맞다. 반전에 반전을 거듭해서 다시 원래의 내 생각대로 다시 돌아왔다. 이렇게 사람 마음은 '조변석개'다. 내가 만약에 그것을 샀더라면 빵의 개수에 관한 퀴즈를 한참 냈을 것 같다.

우리나라에서는 언제부터 빵을 먹기 시작했는지 궁금해서 「조선 왕조실록」을 검색해 보았다. 딱 두 군데가 나오는데 정조 때에 이기경의 상소문에서 나오고, 고종 때 서양인의 모습을 보고하는 중에 나온다. 이기경의 상소문 가운데는 이승훈과 정약용에 대하여 말하면서 '빵과 술로 하늘에 제사하고, 빵을 그의 고기처럼 먹고 술을 그의 피처럼 마신다'라고 하였다. 아마도 주의 만찬에 관한 대목인 것 같다. 우리나라 초기 그리스도인들이 빵을 만들어서 주의 만찬을 한 것을 보면 얼마나 진실하게 믿음을 가졌는지 알 수 있다.

그들에게는 서양 사상과 서양 문물이 아니었던가! 하나님을 만난 그들에게 있는 극진한 진심과 마음이 이 한 구절에서 읽힌다. 오래전에 다니던 교회에서는 빵이 아니라 떡을 만들어서 주의 만찬을 한 기억도 있다. 성경 번역이 얼마나 중요한지 새삼 알게 된다. 그러고 보면 우리나라 빵의 역사는 그리 오래되지 않았다.

제주도 김녕에서 처음으로 소금 빵을 접했다. 빵 위에 소금 몇 개가 얹혀있고 은은한 버터 향이 났다. 그 달콤 짭조름한 소금 맛이 자꾸 손이 가게 했다. 오늘 태풍이 지나간 아침에 냉동실에 있는 크로아상 생지 하나를 꺼내 에어프라이어에 돌렸다. 그 소금 빵이 아니라도 맑은 공기를 타고 흐르는 빵 내음만으로도 훌륭한 아침이다.

62

부자와 빈자

이삭은 자기가 살던 곳에 기근이 들자 블레셋의 그랄로 갔다.

그는 그 땅에서 농사를 지었다. 그 땅에서 씨를 뿌리고 백 배의 이익을 얻었다. 이삭은 에서의 옷을 입은 야곱을 축복하면서 **"내 아들의 냄새는 주께서 복 주신 들의 냄새와 같도다"**(창 27:27)라고 말했다.

그는 풍성한 들의 축복을 알았다.

야곱을 축복하면서 곡식과 포도즙으로 그를 떠받쳐 주었다고 한 것으로 보아 풍부한 곡식과 포도즙의 기쁨을 맛보았던 자다.

하나님이 복을 주시므로 그는 크게 되었다.

이삭은 앞으로 나아갔다. 성장하였다. 마침내 큰 자가 되었다.

양 떼를 소유했고, 소 떼를 소유했다. 종들이 심히 많았다. 블레셋 사람들이 그를 시기하기까지 번성하였다. 아비멜렉보다 더 강력하게 되었다.

창세기 26장을 읽다 보면 내가 부자가 된 것처럼 뿌듯하다.

이삭은 기근 때문에 그랄로 갔는데 순식간에 부자가 되었다. 창세기 25장에 에서와 야곱의 이야기가 나오지만 26장은 이삭과 리브가의 신혼 시절이 아니었나 싶다.

아브라함은 그가 기르던 군사가 318명이나 되고, 소돔 왕이 제안한 전리품을 거절한 것으로 보아 부유한 자였으리라 생각된다. 야곱은 그를 마중 나온 에서에게 보낸 선물의 규모로 보아 그 역시 엄청난 부자였을 것이다. 이집트의 총리였던 요셉은 말할 필요도 없다.

다윗도 솔로몬도 이 세상의 모든 부를 가졌다.

다윗은 늙기까지 부와 존귀를 누렸다. 성경에 나오는 굵직한 인물들은 하나같이 모두 부유한 자들이다. 그리고 그에 따른 세력도 있다.

외적으로 가난한 사람은 나사렛 예수님이다. 그가 이 세상 모든 것의 주인이었음에도….

한때는 믿음을 가진 사람들은 가난하고 청빈해야 한다고 생각하는 사람들이 많았다. 믿음 때문에 핍박을 받거나 복음 때문에 돌아다니던 전도자들이 가난했기 때문이었을까?

바울은 소유가 없었다.

핍박을 받았던 카타콤의 그리스도인들은 당연히 가난했다. 핍박 때문에 자신의 근거지를 떠나야 했던 중세 시대 신자들도 가난했을 것이다. 청교도들도 가난했다. 물론 우리나라에 기독교가 들어온 이후로 일제강점기와 공산주의를 거친 믿음의 사람들도 가난했다. 그런 것들로 보면 가난과 믿음은 같이 붙어 있는 것처럼 생각된다.

나도 가난을 당연히 받아들였다. 그리고 내가 부자처럼 산다는 것은 죄가 되는 것처럼 생각하였다. 그런데 성경을 읽어보면 '정말 그럴까?'라는 물음에 고개를 갸우뚱하게 된다.

지금은 IT 기업들이 엄청난 부를 축적하고 있다.

예전에는 상상하지도 못할 부를 축적하는 길은 전쟁을 통해서였다. 국가를 점령하거나 전리품을 획득함으로 부자가 되었다. 대표적인 사람이 다윗이다. 느부갓네살이다. 나폴레옹이다. 산업 시대에는 열심히 노동하고 노력하면 부를 축적할 수 있었다.

그러나 지금 같은 금융 시대에는 이야기가 다르다.

금융 문맹은 살아남지 못한다. 더구나 4차 산업혁명 시대에는 오로지 몸만 움직이는 노동이 통하지 않는다. 세상은 갑자기 나라의 경계도 없이 한통속이 되어서 휘휘 돌아간다. 이제 나 같은 사람은 새로운 세대가 새로운 세상에서 새롭게 살아가는 것을 바라보아야 한다.

젊은 세대들은 우리와는 다른 방식으로 살아간다.

이제는 학력도 필요 없고 스펙도 필요 없다. 오로지 개개인이 능력으로 살아남는다. 세계적으로 주식과 가상화폐 붐이 일었다. 신조어가 등장했다.

우리나라 주식에 투자하는 젊은 세대를 가리켜 '동학 개미'라 하고, 서양 주식에 투자하는 사람은 '서학 개미'라고 한다. 중국에는 '청년 부추'가 있고, 미국에는 '로빈 후드', 일본에는 '닌자 개미'가 있다. 금융시대인 만큼 금융을 모르면 살아남기가 어렵게 되었다. 금융에 대하여 「부자아빠 가난한아빠」로 센세이션을 일으켰던 로버트 기요사키는 자기가 어찌할 수 없는 주식보다는 자신이 개입할 수 있는 부동

산에 대하여 더 긍정적으로 말한다. 그리고 사업과 가상화폐까지 언급한다. 그 방법이야 어찌 되었던지 산업사회가 저문 것은 확실하다.

일생 동안 일을 하여 조금씩 부를 쌓아가던 시대가 가버렸다.

올 한 해를 뜨겁게 달구었던 책들이 그런 것들에 관한 책들이다. 그중에 하나인 「더 해빙」을 읽어보았다. 젊은 여자 둘이 쓴 책인데 '행운'이나 '운'이란 말이 많이 나오지만 딱 하나만 건졌다. 그것을 실천하기로 하였다.

Having이란 돈이 있는 것을 느끼고 그 감정에 머무는 거라고 했다. 현재 나에게 있는 돈을 대상으로 삼는다. 미래형이 아닌 현재 진행형으로. '없음'에서 '있음'으로 렌즈를 바꾸는 방법이 Having이다. 돈을 쓰는 순간 '있음'을 느끼는 것이다. 그리하면 부가 따라온단다. 그러고 보니 바울이 디모데에게 한 말이 떠오른다.

"그러나 만족하면서 하나님을 따르는 것은 큰 이득이 되느니라"(딤전 6:6)

마트에 갔다. 며칠 전부터 사려고 했던 아이스크림이 있었다. 11,000원짜리인데 세일을 해서 7,000원으로 가격표가 붙어 있다. 전에는 그러지 않았는데 기쁘게 '내가 4,000원을 벌었다'고 생각했다. 우리 집에 있는 캡슐 아메리카노가 별로 맛이 없다고 생각했는데 오늘은 너무 맛있게 느껴졌다. 오후에는 유리그릇에 바닐라 아이스크림을 잔뜩 넣고 에스프레소를 가장자리에 빙 둘러 내렸다. 아이스크림이 녹은 커피가 정말 맛있다. 아포카토는 이 정도는 되어야 한다. 정말로 나는 부자가 되었다. 밖은 한겨울 매서운 추위인데 이렇게 안

온하게 눈으로 입으로 맛을 보다니….

왕이 아닌 평민 중에 내가 흠모하는 부자들이 있다.

구약에서는 바르실래이고, 신약에서는 아리마대 사람 요셉이다.

바르실래는 다윗이 압살롬에게 쫓겨 다닐 때 나하스의 아들 소비와 로드발 사람 마길과 함께 와서 왕을 섬겼다. 침상들과 대야들과 질그릇들과 밀과 보리와 밀가루와, 볶은 곡식과 콩과 팥과 볶은 콩과 꿀과 버터와 양과 염소 치즈를 가져다가 다윗과 그와 함께한 백성이 먹게 하였다. 압살롬이 언제 닥칠지 모르는 순간에 그는 기꺼이 왕을 위하여 자기 재물을 내놓았다.

그는 창대하였다. 그때 그의 나이가 팔십 세였다.

늙었지만 자신이 곤경에 처한 왕을 위하여 무엇을 하여야 할지를 알았던 자다.

아리마대 요셉은 예수님의 제자였지만 유대인들을 두려워하여 은밀히 따르던 사람이었다. 그러던 그가 유대인들의 눈앞에서 십자가에 달린 예수님의 몸을 달라고 빌라도에게 간절히 구하였다. 그리고 자기가 산 새 돌무덤에 장사 지냈다. 이사야서 53장에 나오는 '부자'가 그 사람이다. 그는 그 일로 인하여 구약의 성취 가운데 나오는 한 사람이 되었다.

부자와 빈자의 차이는 굳이 물질의 소유만은 아니다.

나에게 있는 그것을 어느 때에 어떻게 사용했는가의 차이다.

63

왕이라면

사울 왕은 그의 생애 중에서 결정적인 세 가지 죄를 지어서 왕좌에서 물러났다. 제사장만 할 수 있는 제사를 지낸 것과, 아말렉을 모두 진멸하라고 했을 때 좋은 것들은 남겨두었던 것과, 신접한 여인을 찾아간 것이다.

사울은 베냐민 지파로 그가 왕으로 뽑혔을 때는 겸손하여 오히려 백성들 앞에 서지 않으려 했다. 그가 왕으로서의 일에 익숙해지고 군대를 지휘할 때는 인간적인 면면을 보인다.

사무엘상 15장에는 사울과 아말렉과의 싸움이 나온다.

아말렉은 이스라엘이 이집트에서 나올 때 숨어 기다렸다가 피곤하고 지친 이스라엘을 비겁하게 쳤다. 모세와 아론과 훌이 함께 한 싸움이 아말렉과 했던 전쟁이다.

하나님은 아말렉을 쳐서 그들이 가진 모든 것을 진멸하고 남기지 말며, 남자와 여자와 어린 아기와 젖먹이와 소와 양과 낙타와 나귀를 죽이라고 하셨다. 사울과 백성들은 아말렉 족속의 왕 아각을 사로잡으며 칼날로 그 온 백성을 진멸하였다. 하지만 그런 중에 사울 왕과 백성은 양과 소와 살진 것 중에서 가장 좋은 것을 남기고, 나쁘고 가치 없는 것을 진멸하였다.

사무엘은 그의 귀에 들리는 양과 소의 울음을 들으며 사울을 책망한다. 주의 명령에 순종하지 아니하고 마음이 노략물에만 날아가 악한 일을 하였다고 꾸짖는다.

백성들보다 훨씬 더 키가 컸던 사울은 그의 멋있는 외모와는 달리 실망스러운 말로 대답한다.

"나는 실로 여호와의 목소리를 청종하여 여호와께서 보내신 길로 가서 아말렉 왕 아각을 끌어 왔고 아말렉 사람을 진멸하였으나 다만 백성이 그 마땅히 멸할 것 중에서 가장 좋은 것으로 길갈에서 당신의 하나님 여호와께 제사하려고 양과 소를 취하였나이다"

(삼상 15:20,21)

이에 대한 사무엘의 대답은 사울의 정곡을 찌른다.

"여호와께서 번제와 다른 제사를 그 목소리 순종하는 것을 좋아하심 같이 좋아하시겠나이까 순종이 제사보다 낫고 듣는 것이 수양의 기름보다 나으니 이는 거역하는 것은 사술의 죄와 같고 완고한 것은 사신 우상에게 절하는 죄와 같음이라 왕이 여호와의 말씀을 버렸으므로 여호와께서도 왕을 버려 왕이 되지 못하게 하셨나이다"(삼상 15:22,23)

그제야 사울은 자신의 죄를 고백한다.
그는 백성을 두려워하고 그들의 음성에 귀를 기울인 까닭에 주의 말씀을 어겼다. 사무엘은 하나님이 왕을 버렸다고 말한다.

사울은 외모도 타의 추종을 불허하고, 리더십도 있었지만 왜 왕의 자리를 어이없게 내어주고 말았을까? 그는 하나님을 신뢰하고 사무엘과 함께 이스라엘을 강력한 국가로 세워갈 수도 있었다.
아말렉과의 전쟁에서 그의 속에 있던 모든 것이 다 나타났다.
그는 왕으로서 자신이 책임지는 삶을 살지 않았다. 마치 아담이 이브 때문에 선악과를 먹었다고 말하는 장면 같다.

자신은 아각을 끌어왔고, 아말렉 족속을 진멸하였지만 백성이 하나님께 희생물을 드리려고 가장 좋은 양과 소를 취하였다고 했다. 자신의 허락이 없이 어떻게 백성이 양과 소를 끌어왔겠는가. 그는 지도자로서의 책임을 다른 사람에게 전가하였다. 이것은 지도자에게 있어서는 치명적인 태도다.

사울이 가려고 돌아서는 사무엘의 겉옷을 붙잡자 사무엘의 겉옷이 찢어졌다. 천하의 사울이 다급하고 애절하게 사무엘을 붙잡는 장면은 당황스러운 장면이면서, 민망하기까지 하다. 사울은 또다시 사무엘에게 부탁한다.

"내가 범죄하였을찌라도 청하옵나니 내 백성의 장로들의 앞과 이스라엘의 앞에서 나를 높이사 나와 함께 돌아가서

나로 당신의 하나님 여호와께 경배하게 하소서"(삼상 15:30)

이 말에 사무엘은 돌이켜서 사울을 따라간다.

사울은 사무엘과 함께 가므로 자신이 존중받을 수 있을 것이라 생각한다. 사울은 왕으로서 자신의 임무에 충실하기보다는 사람들 눈치를 많이 본 사람이다. 그의 생각 저변에는 오로지 사람들이 자신을 어떻게 생각하는지가 중요 관심사였다. 자신의 체면을 위해서는 사무엘마저도 이용했다.

다윗이라면 어찌했을까?

다윗은 사람의 눈치가 중요하지 않았다. 그의 가장 우선순위는 하나님이다. 다윗은 사울처럼 하지는 않았을 것이다. 다윗은 혈통을 중시하는 왕정 시대에 베냐민 지파였던 사울의 왕위를 물려받은 사람이다. 그의 우선순위는 사람이 아니라 하나님이었고, 체면에 연연하지 않았다. 다른 사람에게 자신의 책임을 전가하지도 아니했다.

왕이라면 적어도 이 정도는 되어야 하지 않을까?

64

담보물과 솥

김득신은 1600년대 사람이다.

그는 머리가 좋지는 않았지만 엽기적인 노력으로 유명하다. 그는 만 번 이상 읽지 않으면 책 읽는 횟수를 꼽지도 않았다. 그가 「백이전」을 1억 1만 3천 번을 읽었다고 했는데 그 숫자가 믿기지 않았다. 오늘, 그때 당시에는 1억은 지금의 10만 번을 의미한다는 글을 보고 오랜 의문이 풀렸다. 실제로 그가 읽은 「백이전」의 횟수는 11만 3천 번이다.

그는 엉뚱하고 좀 아둔했다.

그가 한식날 말을 타고 나갔다가 오언시(글자수 제한이 있는 이행시)를 얻었는데 마땅한 대구를 찾지 못해 끙끙대자 말고삐를 잡고 가던 하인이 대구를 외쳤다. 김득신은 하인에게 "네가 나보다 낫다"라고 하면서 하인이 말을 타게 했다. 하인이 "사실은 주인님이 날마다 외우던 시였다"라고 말하자 김득신은 "아, 참, 그렇지!"하면서 자신의 머리를 쥐어박았다고 한다.

김득신의 이야기를 읽노라면 마음이 푸근해지며 즐거워진다.

김득신이 한 번은 홍석기의 집에 머물며 공부하고 있었다. 친구는 출타하고 그만 혼자 있었는데 하인이 솥을 지고 들어오는 것을 보고, 무슨 일이냐고 물었다. 빚 받을 집에서 솥을 뽑아왔다는 말을 듣고는 그길로 책을 거두어 집에 돌아오려고 했다. 친구가 돌아와서 무슨 일이냐고 물었다. 그는 대답하지 않다가 자꾸 물어보는 친구에게 '솥 뽑아온 일'을 말했다. 친구가 그것은 자기가 한 일이 아니고 과부가 된 누이가 한 일이라고 사과했다. 김득신은 그제야 오해를 풀었다.

가난한 집의 솥을 뽑아오면 그 집은 어떻게 밥을 해 먹을 것인가! 문득 신명기 24장 말씀이 생각난다.

"네 형제에게 무엇을 꾸어 줄 때에 너는 그의 집에 들어가 그의 담보물을 취하지 말라. 너는 밖에 서 있고 네게 꾸는 사람이 담보물을 밖으로 가지고 나와 네게 줄 것이며 그 사람이 가난하거든 너는 그의 담보물을 가진 채 잠자지 말고 해가 질 때에 담보물을 그에게 다시 넘겨줄지니라. 그리하면 그가 자기 옷을 입고 자며 너를 축복하리니 그것이 주 네 하나님 앞에서 네게 의가 되리라"(신 24:10~13)

여기에서 말하는 담보물은 겉옷이다.

가난한 자는 밤에 겉옷을 입고 잔다. 이스라엘의 밤은 차갑다. 겉옷이 없다면 그가 얼마나 떨면서 잘 것인가. 그는 떨면서 자기 옷을 담보물로 잡은 채주를 원망하지 않겠는가? 담보물을 잡기 위해 그 집으로 들어가지도 말라고 하신다. 담보물을 잡으려고 그 집에 들어간다면 그 사람이 얼마나 자존감에 상처를 입을까?

하나님은 이렇게 가련한 한 사람을 보고 계신다. 안식일을 지키라고 하시면서 소와 나귀가 안식하고 네 여종의 아들과 나그네가 안식할 것이라고 하신다. 하나님은 모든 살아있는 것에 대하여 애틋하시다.

오늘도 응급실로 간 가족에 대하여 기도해 주기를 바라는 애타는 문자가 왔다. 사람은 삶을 살아가는 동안 참으로 좋은 일도 많지만 힘든 일도 많다. 이런 문자가 오면 마음이 철렁하고 무겁다. 두근거리는 마음으로 그다음 소식을 기다린다. 어른들 말씀이 자식 일이 제일 크다고 한다. 자식에 대하여 어쩔 수 없는 무력함을 느낄 때 사람들은 고통스러워한다. 그다음은 건강 문제다. 아픈 사람 하나만 있어 보라. 아니 내가 아파 봐라. 나도 남에게만 있는 것 같던 목디스크가 와서 쩔쩔매고 있다. 그다음은 돈 문제다. 그렇게 모든 것 같던 돈은 건강할 때와 가족이 모두 평안할 때는 크게 보인다. 그러나 그것이 가장 나중 일이라는 것은 큰 문제들이 지난 후에야 보인다.

혹시 나는 누구의 담보물을 잡고 있지는 않나. 남의 집 솥을 빼 올 생각을 하고 있지 않은지 살펴야겠다. 나귀와 소와 여종의 아들을 생각하시는 하나님의 마음을 읽자. 남의 솥을 빼 오는 하인을 보고 주섬주섬 짐을 챙기는 김득신에게서 배운다.

65

교양

내 남편은 '교양'을 좋아한다.

그가 나에게 당신은 교양이 있다거나 없다거나 말한 적이 한 번도 없지만 내가 그냥 그렇게 생각한다. 가끔 말하는 것에 실수를 해서 남편에게 핀잔을 듣는다. 감정이 올라오면 그냥 말해 버려서 그것을 주워 담기에 급급하다. 상황을 합리화하려고 하면 더 꼬인다. "그래요, 나는 교양이 없어요" 하고 내지르다가 또 꼼짝을 못한다.

나는 남편을 한 번도 이긴 적 없지만 남편은 자기가 항상 지고 산다고 한다. 교양 있는 여자를 좋아하는 교양 있는 남자와 함께 사는 교양 없는 여자가 얼마나 힘이 드는가. 사람들은 남자보다는 여자에게 '교양'이라는 단어를 대입시키고 싶어 하는 것 같다. 어찌 묵직한 남자를 여자가 이길 수 있으랴.

어떤 사람을 보면 교양이 있다, 없다를 판단하게 된다.

그것은 단순히 에티켓일 수도 있지만 사십이 넘으면 자기 얼굴에 책임을 져야 한다는 말처럼 그냥 몸에 배어 나타나는 것인지도 모른다. 정말로 교양 있는 여자를 잠언 31장에서 만난다. 그녀는 현숙한 여자다.

"그녀의 남편의 마음이 그녀를 편안히 신뢰하므로
그는 노략물을 필요로 하지 아니하겠고
그녀는 자기 평생토록 그에게 선을 행하며
악을 행하지 아니하리라.

그녀는 양털과 아마를 구해 기꺼이 자기 손으로 일하고
상인들의 배들과 같아서 멀리서 자기 양식을 가져오며
또한 아직 밤일 때에 일어나 자기 집안사람들에게
먹을 것을 주고 자기 여종들에게 정해진 몫을 주며
밭을 깊이 살펴보고 그것을 사며
자기 손의 열매를 가지고 포도원을 세우며
힘 있게 허리를 동이고 자기 팔을 강하게 하느니라.

그녀는 자기의 장사하는 일이 잘되는 줄을 깨닫고
밤에 등잔불을 끄지 아니하며
자기 손을 물렛가락에 대고 손으로 물레 실패를 잡으며
가난한 자에게 손을 펼치고 참으로 궁핍한 자에게 손을 뻗으며
자기 집안사람들이 다 주홍색 옷을 입었으므로
눈이 와도 자기 집안사람들로 인해 두려워하지 아니하고
스스로 수놓은 융단 덮개를 만들며 비단옷과 자주색 옷을 입고
그녀의 남편은 그 땅의 장로들 가운데 앉을 때에
성문 안에서 알려지느니라.

그녀는 고운 아마포를 만들어 팔고

허리띠를 상인에게 넘겨주며

능력과 명예를 옷으로 삼고 다가올 때를 기뻐하리라.

그녀는 지혜롭게 자기 입을 열고

자기 혀 속에 친절의 법을 두며

자기 집안의 길들을 잘 살피고

게을리 얻은 빵을 먹지 아니하나니"(잠 31:11~27)

노략물을 필요로 하지 않는 남자는 그의 수입에 만족하는 아내를 둔 남자다. 현숙한 여자, 교양 있는 여자는 기꺼이 자기 손으로 일하여 수입을 얻고, 부지런하며, 재산을 늘린다. 가난한 자와 아랫사람들에게 선을 베풀고, 자신을 위해서는 수놓은 융단 덮개를 만들고 비단옷과 자주색 옷을 입는다. 그녀는 혀 속에 친절을 담아두고, 게을리 얻은 양식을 먹지 않고, 남편을 성문 위에 앉게 한다.

이런 여자가 교양 있는 여자라고 성경은 말하는 게 아닐까?

교양은 날마다 경작하여야 곡식을 얻듯 쉽게 얻어지는 것은 아니다. 잠언에 나오는 현숙한 여자가 교양의 정점이라면 참으로 도달하기 어렵다. 다만 그곳으로 향하여 갈 뿐이다. 23군데의 상처를 입고 자기가 죽어가는 것을 깨달은 카이사르는 꼴사납게 자빠지지 않도록 토가 자락을 몸에 감으면서 쓰러졌다고 한다. 죽어가는데도 교양이 있어 보인다. 여자의 교양은 멀고 남자의 교양은 쉬운 것이 아닐까?

66

마음이 반반

유다왕 아마샤는 요아스의 아들이다. 요아스는 대제사장 여호야다가 살아있는 동안에는 옳게 행하였으나 그가 죽은 뒤에는 배도하였다. 그의 아들 아마샤는 주의 눈앞에서 올바른 것을 행하였으나 완전한 마음으로 하지는 아니하였다. 옳은 것 같으나 전적으로 옳지 않았다. 바른 것 같으나 전적으로 바르지 않았다. 그가 전쟁을 위하여 삼십만 유다 군대를 정비하였고, 은 백 달란트로 북 이스라엘 용사 십만을 고용하였다. 말하자면 용병이다.

하나님의 사람이 나와서 그에게 주께서 이스라엘 군대와 함께하지 아니하시니 그들을 돌려보내라고 한다. 아마샤는 그들을 고용하느라고 백 달란트나 주었는데 어찌하냐고 한다. 하나님의 사람이 하나님은 능히 이보다 더 많은 것을 왕에게 주실 수 있다고 하자 아마샤는 이스라엘 군대를 돌려보낸다. 전쟁에 나왔다가 돌아가게 된 이스라엘 군대는 크게 분노한다. 죽음도 불사하고 전쟁에 나왔는데 빈손으로 돌아가게 되자 분노한 것이다. 뒤돌아가던 이스라엘 병사들은 유다의 도시들을 덮치고, 삼천 명을 치고, 물건들을 많이 노략했다.

또 아마샤는 소금 골짜기에 가서 세일 자손 만 명을 쳤다.

또 다른 만 명을 바위 꼭대기로 데리고 올라가서 그 바위 꼭대기에서 그들을 내던져 산산조각이 나게 했다. 그 후 아마샤는 자신에게 패배한 세일 자손의 신들을 가져다가 자기의 신들로 세우고, 그것들 앞에 절하고 분향했다. 그는 후에 이스라엘 왕 요아스에게 도전장을 냈다가 그에게 패했다.

역대기하 25장을 읽을 때면 아마샤 왕의 태도가 마음에 걸린다. 그는 올바른 것을 행하였지만 그것은 완전하고 순수한 마음에서 비롯된 것은 아니다. 하나님의 사람이 책망을 하면 그 말을 들었다. 그런데 끝까지 그것을 유지하지 못한다. 은 백 달란트로 이스라엘 십만 군사를 고용하고는 그들을 그대로 돌려보냈다. 돌려보낼 때도 그가 얼마나 아쉬워했을지 상상이 간다. 뒤돌아가는 이스라엘 군대를 보며 그가 얼마나 아쉬워했을까? 하나님의 사람을 원망했으리라. 그는 올바른 것을 행하였으나 완전한 마음으로 하지 않았다.

내가 15년도 전에 이 말씀을 읽고 온전한 믿음을 갖고 싶었나 보다. 그즈음에 중국 지하교회에 갔다. 좁은 집에 동네 사람들이 빽빽하게 앉아 있었다. 선교사님이 말씀을 부탁해서 이 아마샤 왕에 대하여 말했다. 온전하게 하나님을 잘 섬기자고 말했는데 사람들이 잘 이해했는지 알 수 없었다. 말씀도 너무 빨리 끝났다. 선교사님이 통역을 했는데도 너무 빨리 끝났다. 사람들이 갈 생각을 하지 않고 또 다른 말씀을 하나 더 해달라고 하자 선교사님이 룻기를 설교했다.

갑자기 설교 도중에 통곡 소리가 났다. 어떤 여자가 소리를 지르며 울었다. 가족과의 관계에서 그의 죄가 생각나서 운다고 하였다. 큰 회개가 일어났다. 사람들은 술렁이고 사람들에 떠밀리어 나는 그 여자 얼굴을 보지도 못하고 모임은 끝났다.

말씀이 역사하는 중국 지하교회의 모습을 생생하게 체험한 날이었다. 말씀이 사람의 영과 마음을 움직인다는 사실이 여과 없이 드러난 날이었다. 항상 하나님의 일에 인색하게 반응하는 사람들이 있다. 헌신도, 마음도, 시간도 전적으로 드리지 못하고 계산하는 것이 보인다. 그런 사람들은 풍성한 축복을 거부하는 삶을 산다.

오랜 시간이 지나면 그것이 드러난다. 올바른 것을 행한다.

그러나 온전한 마음으로 하지는 않는다. 그런 것들은 사람이 볼 수 있는 것이 아니다. 당장에 표가 나는 것도 아니다. 역대기하 25장을 맞닥뜨릴 때마다 중국 지하교회가 생각나고, 그 여자와 아마샤를 생각하며 온전한 마음이 얼마나 귀한지 되새겨본다.

67

왕의 궁궐

서울에 있는 궁궐 중에는 경복궁이 으뜸이다.

경복궁은 왕이 임하는 제1 궁궐, 법궁이라 불린다. 1395년에 완공된 그것은 북악산과 인왕산을 배경으로 서 있다. 그전에는 이곳에 오면 근정전을 한 번 기웃거리고, 걸어 다니기에만 바빴다. 이번에는 가이드와 함께 이곳저곳을 다니니 궁궐의 의미가 새롭다. 두 시간이 너무 빨리 흘러 아쉽다. 근정전, 사정전, 강녕전을 보면서 임금의 위치에 대하여 생각했다. 경복궁에서 가장 높은 건물이 근정전이다. 근정전은 북악산을 배경으로 팔작지붕을 한껏 펴고 선 위엄 있고 아름다운 건물이다.

또 궁궐을 걸어 다니기에만 급급할까 봐 유홍준 씨의 책을 읽고 갔다. 근정전은 정도전이 이름을 지었다. 그 뜻은 '천하의 일이 부지런하면 다스려지고, 부지런하지 않으면 폐하게 됨은 필연의 이치이다'라는 의미다. 그는 이어서 '그러나 임금으로서 오직 부지런해야 하는 것만 알고 부지런해야 하는 바를 모르면 그 부지런하다는 것이 오히려 번거롭고 까탈스러움에 흘러 보잘것없는 것이 됩니다'라고 했다.

옛 현인의 말이 감탄을 자아내게 한다.

정도전은 이렇게 임금에게 충고한다.

'아침에 정무를 보고, 낮에는 사람을 만나고, 저녁에는 지시할 사항을 다듬고, 밤에는 몸을 편안히 하여야 하나니 이것이 임금의 부지런함입니다.'

임금에 대한 충고를 가만히 생각해 본다.

일과, 사람과, 비전과, 안식이라는 말로 대체할 수도 있겠다. 우리의 일이란 것이 반쪽짜리였던 것 같다. '무조건 열심히'가 얼마나 무모한 것이었던가!

내가 진즉부터 이런 원리를 알았더라면, 사역 초기에 이런 지혜를 가졌더라면 얼마나 좋았을까? 그러면 지금보다는 더 나았을 것 같다. 우리가 건강을 잃어버리지도 않았을 것이다. 안식과 휴식이라는 것을 어떻게 해야 하는지도 몰랐다.

잃어버린 시간이 아쉽다.

성경에도 많은 충고들과 지혜가 있었지만 그것을 읽는 지혜가 없었다. 이성계가 만났던 정도전을 못 만났던 것은 아닌가? 아니, 옆에 있었는데도 깨닫지 못한 것은 아닌가 싶다.

근정전은 임금의 즉위식과 국가의 중요한 의식을 행하고, 외국 사신을 접견하던 곳이다. 근정문 행각 오른쪽 모서리에 서면 근정전이 가장 아름답게 보인다 해서 그곳에 서서 사진을 찍었다.

정말 사진이 잘 나온다.

근정전 앞마당은 뒤쪽이 앞쪽보다 70센티 더 높아서 비가 오면 자연스럽게 흐른다고 한다. 거기에 조각보 같은 박석의 이음새가 물길을 돌리며 속도를 줄여주어서 비 오는 날에는 그 동선이 아름답단다. 폭우가 쏟아지는 날에는 사진작가들이 모인다는데 나도 한 번 끼어보아야겠다. 그리고 그 아름다움이 무엇인지 느껴보고 싶다.

근정전 뒤에 있는 사정전은 왕이 신하들과 회의를 하기도 하고, 경연을 하기도 하는 집무실이다. 사정전 양옆으로는 일반행정을 보는 사무실 공간인 편전이 있다.

임금이 추운 날씨에 정무를 보는 곳으로 온돌로 되어 있다.

아궁이가 크게 보인다. 그전에는 사정전과 복도로 연결이 되었다는데 지금은 복도가 없다. 사정전 뒤로는 왕과 왕비의 공간인 강녕전과 교태전이 있다. 이 건물들은 모두 일직선상에 있어서 건물의 문을 모두 연다면 광화문이 보일 정도다. 왕비는 이곳에서 정말로 광화문을 보았을까?

교태전 뒤쪽으로는 고종과 민비가 살았던 건청궁이 있고, 옆으로는 각종 연회를 베풀었던 경회루가 있다. 경회루의 버드나무는 축축 늘어진 것이 멋스럽다. 맑은 하늘과 어울려 연못이 더욱 청명하다.

고종 당시에는 500여 동의 건물이 있었다는데 일제의 철거로 지금은 25퍼센트 정도만 남아 있다. 솔로몬은 7년 동안 성전을 지었고, 13년 동안 자기의 궁궐을 지었다. 세바 여왕이 정신이 아뜩할 정도로 훌륭했던 건물이 지금은 흔적이 없다. 솔로몬 성전과 궁궐은 3000년 전이고, 경복궁은 600년 전이지만 이렇게 남아서 옛날을 소환해주는 것이 감사하다.

설명을 들으며 궁궐을 걸어 보니 왕의 동선과 생각과 생활이 상상이 간다. 지도자의 고뇌가 얼마나 무거웠을까? 어떤 왕은 권력에 취하여 기세가 등등하기도 했지만, 진정한 통치를 생각했던 왕들은 리비우스가 「로마사」를 쓰면서 말했던 이런 심정이었으리라.

나는 마치 해안 근처 얕은 물을 걷게 될 줄 알았다가 이제 막막하기 짝이 없는 바다로 나아가고 있다는 느낌이 들었다.

나는 매번 앞으로 걸어갈 때마다 그 깊이를 헤아릴 수 없다고 생각되는 광막한 바닷속으로 빠져 들어가는 느낌이 들었다.

68

에덴으로 가는 길

선악과를 처음 먹은 것은 이브다.

그런데 하나님은 아담에게 먼저 질문하신다.

"네 벌거벗은 것을 누가 알려주었느냐?"

또다시 이브에게 말씀하신다.

"네가 한 일이 무엇이냐?"

아담에게는 근원적인 것을 물으시고 이브에게는 그 행동을 물으신다. 창세기 3장 17절에는 **"네가 네 아내의 음성에 귀를 기울이고"**라는 말이 나온다. 아담은 그가 귀를 기울여야 할 두 존재가 있었다. 아담을 보면 남자들은 그들이 귀를 기울여야 할 두 존재 중에서 한 존재를 선택해야 한다. 아담이 얼마나 이브를 사랑하고 그녀에게 빠졌으면 하나님의 말씀은 생각조차 하지 않은 채, 선악과를 먹었을까?

이것은 죄가 이 세상에 들어올 때의 이야기다.

아담에게 먼저 하나님은 말씀하신다.

"땅은 너로 인하여 저주를 받았고 너는 평생토록 고통 중에 땅의 소산을 먹으리라."

땅은 가시덤불과 엉겅퀴를 낸다. 아담은 들의 채소를 먹으며 땅으로 다시 돌아갈 때까지 얼굴에서 땀을 흘려야 했다. '채소'라는 단어를 보니 허브herb로 나온다. 베지터블vegetable이 아니기에 생각해 보니 그때는 아담이 아직 경작을 하지 않은 상태여서 그런 것이 아닐까 싶다. 몽골에 가면 온 세상이 허브로 가득하다. 내가 알기로 몽골에 있는 모든 풀은 냄새가 난다. 큰 것이든 작은 것이든 모두 그렇다.

식물은 짙은 향으로 가득하다.

그 풀을 가축들이 뜯어먹는데 그 고기들에서는 허브향이 난다. 몽골에 가서 오로지 자연에서만 자란 그 고기를 먹으려 기대했는데 실패했던 기억이 있다. 마치 중국 향채를 먹는 것처럼 깜짝 놀랐다. 몽골의 소고기는 향내가 난다. 그 독한 초원의 햇빛 속에서 살아남으려면 식물들도 독하지 않으면 안 되기 때문일까? 다음에 몽골에 가면 잘 요리된 스테이크 한 접시를 꼭 먹어야겠다.

남자는 얼굴에 땀이 흘러야 한다. 땀을 흘리지 않고 어찌 밥을 먹을 수 있으랴. 평생을 논에서 농사를 지었던 우리 아버지는 어느 날 혼잣말처럼 말씀하셨다.

"나는 평생을 논바닥에 엎드려 지냈다.

어디 한 번 가보지도 못하고, 호의호식 한 번 못했다.

앞으로도 얼마나 더 이렇게 살지 모르겠다."

초가집 마루 끝에 앉아 하늘을 바라보면서 그렇게 말씀하시는 것을 딱 한 번 들었다. 그래서 나는 옛날 같은 방식으로 농사를 짓는다면 누구라도 말리고 싶다. 요즘에는 어느 누구도 그렇게 살지는 않을 것이다. 아버지는 77세가 되었을 때, 자신이 묻힐 산소로 가는 길을 살폈다. 77세면 살 만큼 살았다고 하셨다. 평생을 땀 흘려야 하는 아담이 거기 있었다. 그 아버지를 지금은 내가 잘 모실 수 있다. 가버린 기회를 불러오지 못하는 것이 아프다. 단 하나의 위로는 가죽옷을 입었던 아담처럼 우리 아버지도 구원의 옷을 입으셨다.

무화과 잎으로 옷을 만들었던 아담과 이브에게 하나님은 가죽옷을 입히셨다. 그리고 그를 에덴에서 쫓아내셨다. 그들을 쫓아내시고 에덴동산 동쪽에 그룹들과 사방으로 도는 불 칼을 두어 그 길을 지키셨다. 죄인의 몸으로 영원히 산다는 것이 어떠한가를 그분은 아시고, 그것을 막으시고자 그들을 내보내셨다. 이것을 보면 하나님은 혼을 낸 자식을 다시 다독이며 안아주는 부모 같다. 아담은 그의 세대가 가기도 전에 자식이 싸우는 것을 보았고, 자식의 죽음을 보았다. 그의 얼굴에서는 땀이 흘렀고, 죄가 소용돌이치며 그의 모든 것을 삼키는 것을 보았다.

에덴의 동쪽에는 그 길을 지키는 그룹이 있었고, 불 칼이 있었다. 아담은 에덴의 동쪽으로 쫓겨났고, 동쪽으로 난 길을 걸어 나왔다. 모세가 지은 광야의 성막에는 동쪽에 문이 있다. 단 하나의 문이 있다. 속죄의 양을 끌고 가는 문이다. 요한복음에 나오는 양의 우리에도 단 하나의 문이 있다. 에덴의 동쪽에는 타락한 인간이 살았다. 그러나 그쪽에 하나님께로 가는 문이 있다. 에덴으로 가는 길이 있다.

69

눈가리개

창세기 20장에 보면 아브라함과 아비멜렉의 이야기가 나온다.

아브라함은 그랄에 머무르며 다시 한번 자신의 아내 사라를 누이라고 한다. 그는 전에 이집트로 내려가서 사라를 누이라고 했다가 비난을 받고, 가나안 땅으로 돌아온 적이 있다. 그가 다시 그랄 지역으로 가서 두 번째로 자신의 아내를 누이라고 한다. 그랄 왕 아비멜렉은 사라를 데려감으로 그 집안의 태가 닫히는 사건이 발생한다. 꿈속에서 하나님의 지시를 받은 아비멜렉은 아브라함에게 사라를 돌려주고 그의 온 집이 치료를 받는다.

아브라함은 이집트로 내려갈 때 사라에게 자신의 누이라고 말하라고 한다. 그것은 사라의 아름다움 때문에 자신이 죽게 될까 봐 저지른 행동이다. 사라의 아름다움이 어느 정도였길래 그런 일을 행했는지 궁금하다. 사라는 아브라함의 요구를 들어주었고, 아브라함은 가는 곳마다 사라로 인하여 큰 재물을 얻었다. 사라가 자신을 아브라함의 누이라고 한 것은 전적으로 거짓말은 아니다.

아브라함은 사라가 '내 어머니의 딸은 아니나 내 아버지의 딸'로서 자기 아내가 되었다고 하였다. 아브라함의 형제 나홀은 밀가를 취했는데 밀가는 아브라함의 또 다른 형제 하란의 딸이었다. 말하자면 나홀은 조카와 결혼한 것이다.

아브라함은 사라가 자기 어머니의 딸은 아니지만 아버지의 딸이라고 말한 것으로 보아 아브라함의 아버지 데라가 또 다른 여인에게서 낳은 이복형제인 것 같다. 지금으로서는 상상하기도 어렵지만 그 당시의 가까운 인척 관계를 생각해 보면 놀랍게도 그것은 가능한 일이다.

하긴 인류는 아담과 이브 두 사람으로부터 시작이 되었고, 하나님은 모세 이후에 가까운 친척끼리 하는 결혼을 금지하셨다. 갈대아 우르 사람인 아브라함이 사라를 누이라고 하는 것은 오히려 사라에게는 여자의 지위를 강화시켜주는 갈대아의 풍습이었다니 그것도 기이한 일이다. 아브라함은 일말의 가책과 함께 사라를 자신의 누이라고 하였을 것이다. 그리고 사라를 데려간 아비멜렉은 곤궁한 입장에 처한다.

아비멜렉은 아브라함을 보내면서 소와 양과 남종과 여종뿐만 아니라 은 천 개를 주었다. 그는 사라에게 그 은 천 개가 모든 사람에게 너를 위한 눈가리개가 될 것이라 했다. 그것은 여러 사람 앞에서 수치를 풀고, 모든 일이 선히 해결된다는 의미다.

이 장면을 읽을 때면 사라가 얼마나 무안했을까를 그려보게 된다. 남편에게 순종하기는 했지만 그녀의 자랑스러운 아름다움이 결과적으로 수치를 가져왔다. 아름다움이 죄인가, 아니면 그 아름다움에 편승한 술수(?)가 죄일까? 요즘에 대통령 후보 두 사람의 도덕적인 죄가 사회적인 큰 이슈가 되고 있다. 지도자의 위치에 서서, 철저한 검증에 자유로울 수 있는 사람이 몇이나 있을까? 자신의 살아온 이력이 낱낱이 드러나면 어떻게 그 무안함을 지울 수 있겠는가.

오늘 아침 신문에 도스토옙스키 전문가의 글이 실렸다.

도스토옙스키는 인간에 대해 "머리 위에 있는 천상의 심연과 발밑에 있는 가장 저열하고 악취 풍기는 타락의 심연을 동시에 바라보는 이중적 존재다. 나는 다만 아주 고귀한 이상을 가슴에 품고 있는 인간이 동시에 가장 비열한 감정을 가질 수 있다는 사실에 천 번도 더 놀라곤 했다"라고 말했다.

아비멜렉 앞에서 사라는 얼마나 무안했을까?

나는 이 장면에서 얼굴이 화끈거리는데, 그렇다면 이 장면을 잘 이해하고 있는 것일까?

70

콤무두스와 압살롬

로마 황제 콤무두스는 마르쿠스 아우렐리우스의 아들이다.

마르쿠스 아우렐리우스 황제는 로마 번영 시기의 오현제 중 하나이면서 「명상록」을 쓴 철학자다. 그런데 그의 아들 콤무두스는 로마 통치자 중 최악의 황제로 꼽힌다. 그의 등장과 함께 현명한 황제 시대는 기울어갔다. 에드워드 기번이 쓴 「로마제국 쇠망사」에 보면 마르쿠스 황제는 아들이 14~15세가 되었을 때 황제의 권력을 누리게 하였다. 기번은 "인간의 모든 열정과 욕구 중에서 권력욕이 가장 중대하면서도 반사회적인 것이다. 한 사람의 권력과 자부심을 위해서 많은 사람들의 복종이 요구되기 때문이다"라고 하였다.

사무엘기에서 하나님은 이스라엘이 왕을 세우는 것을 기뻐하지 않으셨다. 하나님은 지속적으로 자신이 이스라엘의 왕이 되기를 원하였다. 이스라엘이 사사들을 거부하고 왕을 요구하였을 때, 하나님은 사무엘에게 그들이 사무엘을 거부한 것이 아니라 하나님을 거부한 것이라고 하셨다. 사무엘은 왕의 규범을 이렇게 이야기했다.

"그가 너희 아들들을 취하여 그 병거와 말을 어거케 하리니

그들이 그 병거 앞에서 달릴 것이며

그가 또 너희 아들들로 천부장과 오십부장을 삼을 것이며

자기 밭을 갈게 하고 자기 추수를 하게 할 것이며

자기 병기와 병거의 제구를 만들게 할 것이며

그가 또 너희 딸들을 취하여 향료 만드는 자와 요리하는 자와

떡 굽는 자를 삼을 것이며"(삼상 8:11~13)

콤무두스는 측근들에 의해 타락하였다고 한다.

측근인 클리안데르는 대중의 질시와 원망을 잠재우기 위해 대중이 사용할 수 있는 목욕탕, 주랑, 경기장들을 황제의 이름으로 많이 건설했다.

콤무두스는 모든 속주에서 모아들인 300명의 후궁들과 미소년들이 모여있는 후궁에서 모든 시간을 보냈다. 콤무두스는 학문의 즐거움을 몰랐던 최초의 로마 황제였다. 그는 원형경기장에서 군중의 갈채를 받으며 온갖 야생동물을 죽였으며, 검투사가 되기도 했다. 검투사의 역할을 맡아 735번이나 시합을 벌였으며, 한 시합 당 8,000파운드를 받았다. 로마 시민들은 이 때문에 치욕스러운 새로운 세금을 물어야 했다.

덕망 높았던 클라우디우스 폼페이아누스는 모든 사람들이 경기장으로 달려갔을 때, 자신의 운명이 황제의 손에 달려 있었지만 "마르쿠스 황제의 아들이 스스로의 인격과 위엄을 공개적으로 모욕하는 일을 결코 보지 않겠노라"라고 선언했다.

정치는 누군가가 누구를 다스리는 행위다.

그러나 그 정치가가 항상 옳은 것은 아니다. 또 항상 그릇된 것도 아니다.

다윗은 나무랄 데가 없는 사람이었지만 그도 도덕적인 타락이 있었고, 잘못된 판단을 할 때도 있었다. 그는 훌륭한 정치가였지만 그의 아들 압살롬은 비열한 자였다. 자기 아버지에게 오는 백성을 따로 불러서 그들의 마음을 빼앗고, 결국에는 반역을 일으켜서 아버지에게 치욕을 안겼다. 자기 아버지를 죽이기 위해 전쟁을 벌였고, 아버지의 첩들을 범하였다.

다윗에게 그런 아들이 있었다.

마르쿠스 아우렐리우스에게 콤무두스는 다윗에게 있어서 압살롬 같은 존재다. 그들은 훈련과 배움 없이 크나큰 권력을 쥐었던 자들이다. 권력자가 이런 자라면 그 백성들은 수치와 슬픔을 느낄 것이다.

요즘 선거에서 사람들은 시큰둥한다.

후보자들이 비호감이라 한다. 어느 시대인들 후보들이 사람들 마음에 들었을까? 그 자리는 훌륭한 인격자만이 할 수 있는 자리도 아니다. 똑똑한 사람만 할 수 있는 자리도 아니다. 인기 있는 자가 취할 수 있는 자리도 아니다. 국민이 더 나은 삶을 살 수 있도록 애틋한 마음을 가진 자가 설 수 있는 자리가 아닌가.

71

연민

철옹성은 '쇠로 만든 독처럼 튼튼하게 둘러서 쌓은 산성'이다.

나에게 크게 잘하는 것도 없지만 크게 잘못하지도 않는 오빠는, 나에게 그렇게 인식되었다. 특별히 믿음과 교회에 관한 말을 할 때는 가늠할 수 없는 거리를 느끼곤 했다. 그 거리는 마음 한구석에 무거운 납처럼 가라앉아서 절대로 없어지지 않았다. 사람은 무거운 짐을 언제까지나 가지고 살 수는 없다. 그 무게를 내려놓지 않고는 버틸 수가 없으니 해결해야만 했다. 우리 오빠 이름을 오랫동안 우리 교회 새벽기도 명단에 올려놓았다. 나만의 기도가 아닌 모두의 기도로 만들었다.

오빠의 근황에 대한 올케언니의 설명에 이제는 더 이상 미룰 수 없다는 마음이 들었다. 덥고, 덥고, 더운 날을 개의치 않고 오빠에게 갔다. 내 손으로 들 수 없을 정도로 무거운 음식 가방을 들고 씩씩하게 갔다. 사람의 마음을 열게 하는 것은 음식만 한 것이 없다.

한여름에 얻기 힘든 곰삭은 김장김치, 미역국, 육개장, 오이지무침, 열무김치, 냉동 오디, 블루베리, 그리고 또 다른 선물을 가지고 갔다. 결혼하고 오래 지나면 형제들과의 연락은 거의 뜸한 것이 사실이다.

특히 믿음이 없는 형제는 의식 속에는 존재하나 이웃만 같지 못한데 나만 그런 것일까?

누군가를 만나면 항상 그 사람과의 만남이 마지막인 것처럼 말하고 행동해야 한다는 글을 보았다. 그런 마음으로 살지도 않았지만, 그 말을 의식하지 않은 것도 아니었다. 나이를 먹어가는 오빠를 보며 이제는 이 만남이 마지막일지도 모른다는 마음으로 대했다.

희끗거리는 수염을 보며 내가 말했다.

"오빠, 나는 이 세상에서 제일 무서운 것이 무엇인지 알아요?"

의아한 눈으로 쳐다보는 오빠에게 재차 말했다.

"어느 날 언니가 나에게 전화해서 『고모, 오빠가 죽었어』라고 말하는 거예요."

성경 이야기를 꺼내면 언제나 '우주가 어떻고, 역사가 어떻고' 하는 오빠에게 밀려 제대로 전할 수가 없었다. 나에게 한 번도 화를 낸 적이 없지만, 그는 내가 어찌해 볼 수 없는 철옹성이었다. 하지만 내가 견딜 수 없는 것은 형제에게 제대로 복음을 설명하지 못하는 것이었다.

TV와 컴퓨터를 끄고 내가 말했다.

"오빠, 오빠 생전에 누가 오빠 집에 와서 나처럼 진지하게 하나님에 관한 이야기를 하는 사람이 있을까요?"

『아니, 없지.』

흔들리는 눈빛으로 오빠가 말했다.

"나도 그렇게 생각해요. 어느 누가 이렇게 전할 수가 있겠어요. 그냥 내가 성경의 핵심을 이야기할 테니까 듣기만 해봐요."

성경도 없이 복음 책자 두 권과 '글 없는 책' 하나로 복음을 설명했다. 오빠는 어느새 이야기에 빨려들었다.

"이제는 선택이 남아 있어요. 이 예수님을 받아들이겠어요? 거절하겠어요?"

『믿어야지.』

어린아이와 같지 아니하면 하나님의 나라에 들어올 수 없다는 예수님의 말씀이 그런 것이다. 예수님을 영접하는 기도를 따라서 하는 오빠가 어린아이 같다고 생각되었다.

"오늘 밤에 죽으면 천국에 갈 수 있겠어요?"

『갈 수 있지.』

"하나님이 왜 천국에 올 수 있냐고 물으시면 뭐라 하겠어요?"

『예수님이 내 죄를 다 용서해 주었으니까 갈 수 있다고 말해야지.』

우리 오빠 입에서 그런 말이 나왔다.

복음은 능력이 있다.

사람을 통해 전해지는 하나님 말씀이 사람을 바꾸는 것을 보라! 그날 철옹성은 깨어지고, 나는 더 이상 갑자기 걸려올 수도 있는 언니의 전화를 두려워하지 않아도 되었다.

나가는 글

평소에 모아두었던 글을 또 펼쳤다!

꿈을 꾸었다.

내가 사람들을 많이 초대했나 보다.

몇 년 만에 만나는 별로 친하지도 않은 목사님이 왔다.

일 년에 서너 번 만나는 자매가 친구들과 함께 왔다. 어떤 집사님이 자기 조카들을 데리고 왔다. 우리 집에 사람들이 꾸역꾸역 모여들었다. 아는 사모님이 반찬을 해왔는데 돼지불고기였다. 친구는 아직 밥이 안 되었느냐고 물었다. 그런데 나는 쌀도 씻지 않았다. 내가 만든 음식은 보이지 않고, 부엌에서는 무언가 되어가는 중이다.

우리 집은 오래된 집이고, 사람들은 의자가 없어서 바닥에 앉았다. 구석에 세워둔 낡은 상을 펼쳤는데 상다리 두 개가 부러져서 상이 옆으로 기울어져 버렸다. 순간 "내가 왜 이 사람들을 초대했을까?"라는 후회가 살짝 스쳐 갔다.

손님은 계속 오는데 쌀도 씻지 않고, 완성된 음식은 보이지 않고, 평소에 먹지 않는 돼지불고기만 보이고, 오랫동안 만나지 않던 사람들이 오고, 그들은 벌써 상 앞에 앉았다. 이렇게 난감한 일이 있으랴.

평소에 모아두었던 글을 또 펼쳤다.

초대받은 집에서 기대에 못 미치는 음식을 대하면 실망하게 된다. 혹시 이런 상황이 나에게 일어난 것은 아닌가 싶다. 손님을 초대하고 열심히 음식을 만들었는데 다 차려놓고 보면 부끄럽고 미안한 마음이 든다. 꼭 그런 기분이다. 나는 정말 좋은 음식이라고 생각했는데 그것이 그 상황에서는 별로였던 기억이 있다. 한편 날마다 먹는 음식은 별거는 아니지만 절대 질리지 않는다. 그것을 계속 먹다 보면 가끔 별식도 먹고 싶고, 좋은 풍경과 서비스도 생각난다. 그래도 내 집에서 날마다 먹는 밥만큼 나를 살찌우는 것이 있으랴!

집밥도 잘 차린 집이 있고, 소박한 집이 있다. 떠오르는 단상을 모아보니 내가 차려놓은 집밥 같았다. 생김을 구워 양념간장과 함께 놓고, 멸치볶음, 알타리 무김치, 곰삭은 김장김치, 들기름을 넣어 살짝 쪄낸 깻잎 반찬들이다. 아무도 잘 차려진 밥상이라고 하지는 않을 것이다. 날마다 먹는 밥, 날마다 먹어야 하는 밥을 조심스럽게 내놓았다. "우리 집에서는 이런 것을 먹고 있소"라고 하며 내놓았다.

꿈속에서처럼 준비 없이 많은 사람을 초대해놓고 당황하지는 말자. 그래도 초대는 하자. 그냥 우리 집 식탁을 보여주고 싶다.

그리고 그것을 함께 먹고 싶다.

맛있는 크림 커피, 아메리카노도 내놓고….

– 이옥진

9

남편을 위한 무릎 기도문

사랑하는 남편의
신앙, 건강, 성공 등을
이루게 하는 아내의 기도서!

10

아내를 위한 무릎 기도문

아내를 끝까지 지켜주는
남편의 소망, 소원,
행복이 담긴 기도서!

11

워킹맘의 무릎 기도문

좋은 엄마/좋은 직원/
좋은 성도가 되기위해
노력하는 워킹맘의 기도서!

12

손자/손녀를 위한 무릎 기도문

어린 손주 양육에
최선을 다하는
조부모의 손주를 위한 기도서!

13

자녀의 대입합격을 위한 부모의 무릎 기도문

자녀 합격을 위한
30가지 주제와
30일간 기도서!

14

대입합격을 위한 수험생 무릎 기도문

수험생을 위한
30가지 주제와
30일간 기도서!

A1

태신자를 위한 무릎 기도문

100% 확실한 전도를 위한
30일간의 필수 기도서!

A2

새신자 무릎 기도문

어떻게 믿어야 할지 모르는
새신자가 30일 동안 스스로
기도하게 하는 기도서!

A3

교회학교 교사 무릎 기도문

반 아이들을 위해
실제로 기도할 수 있게 하는
교회학교 교사들의 필수 기도서!

A4

선포(명령) 기도문

소리내 믿음으로 읽기만 해도
주님의 보호, 능력, 축복,
변화와 마귀를 대적하는
강력한 선포기도가 됩니다!

성경적/역사적/신학적/과학적 방법을
동시에 사용하여 성경 개요를 한 눈에 파악할 수 있도록 하여,
성경의 흐름을 많은 도표와 그림을 통해 시각화 한 책!

윌밍턴

본문중심
성경연구
(구약/신약)

리버티대학교 헤롤드 L. 윌밍턴 박사 지음

성경 전서를 체계적으로 차근차근
가르치고 싶은 분 –
배우고 싶은 분을 위한 책 –

핵심 성경 연구
1권/2권/3권

워런 W. 위어스비 박사 지음

성경을 배우고 가르치는데 기본이 되는 책!
성경 각 권의 주제와 목적은 물론이며
당시의 사회·문화적 배경을 이해할 수 있는 다양한 그림과 지도,
고고학적 사진자료, 성경 풍습에 대한 설명 등
자세한 해설을 통해 체계적이고 심화된 성경 학습에 필수적이다.

종합 성경 연구
(구약/신약)

로버트 보이드 박사 지음

성경을 역사적 배경과 연대기적으로 이해하고
성경 66권의 흐름을 한 눈으로 볼 수 있는 책!

Step-by-Step
성경여행 **(구약/신약)**

고은주 원장 지음

망망한 바다 한가운데서 배 한 척이 침몰하게 되었습니다.
모두들 구명보트에 옮겨 탔지만 한 사람이 보이지 않았습니다.
절박한 표정으로 안절부절 못하던 성난 무리 앞에 급히 달려 나온 그 선원이
꼭 쥐고 있던 손바닥을 펴 보이며 말했습니다.
"모두들 나침반을 잊고 나왔기에… "
분명, 나침반이 없었다면 그들은 끝없이 바다 위를 표류할 수 밖에 없을 것입니다.

우리는 삶의 바다를 항해하는 모든 이들을 위하여
그 나침반의 역할을 하고 싶습니다.
우리를 구원하신 위대한 주 예수 그리스도를 널리 전하고 싶습니다.

"하나님은 모든 사람이 구원을 받으며
진리를 아는 데에 이르기를 원하시느니라"
(디모데전서 2장 4절)

그대,
당신의 기쁨과 슬픔을
그분이 아십니다

지은이 | 이옥진
발행인 | 김용호
발행처 | 나침반출판사

제1판 발행 | 2024년 3월 1일

등 록 | 1980년 3월 18일 / 제 2-32호
본 사 | 07547 서울특별시 강서구 양천로 583
블루나인 비즈니스센터 B동 1607호
전 화 | 본사 (02) 2279-6321 / 영업부 (031) 932-3205
팩 스 | 본사 (02) 2275-6003 / 영업부 (031) 932-3207
홈 피 | www.nabook.net
이 멜 | nabook365@hanmail.net

일러스트 제공 | 게티이미지뱅크

ISBN 978-89-318-1661-7
책번호 나-1042

값은 뒤표지에 있습니다.